中国社会科学院国情调研丛书
CASS Series of National Conditions Investigation & Research

城乡融合
与高质量发展
以河南省为例

Urban-Rural Integration and High-Quality Development:
A Case Study of Henan Province

何德旭 李超 等 著

社会科学文献出版社
SOCIAL SCIENCES ACADEMIC PRESS (CHINA)

主要作者

何德旭　倪鹏飞　李　超　陈明星　张　昊
闫冰倩　吕风勇　徐海东　龚维进　张蕅元
罗显政　王　洁　韩东霖　韩江波　伍郁竹

目 录

第一章 城乡融合的理论与实践进展 / 001
  一 问题的提出 / 001
  二 理论基础与文献综述 / 007
  三 现状趋势与前景展望 / 021

第二章 河南省城乡融合发展的现状、问题与对策建议 / 035
  一 河南省城乡融合发展的基本情况 / 036
  二 后发农业大省推进城乡融合的战略意义 / 041
  三 河南省推进城乡融合发展的重点难点 / 045
  四 推进河南省城乡融合发展对策建议 / 047

第三章 后发地区推进城乡融合发展的驻马店模式 / 055
  一 "聚中有散"驱动城乡融合 / 056
  二 驻马店推进城乡融合的现状与经验 / 061
  三 驻马店推进城乡融合面临的问题与挑战 / 068
  四 发展趋势与对策建议 / 071

第四章　城乡融合共同富裕的许昌模式探索 / 078

一　发展基础与现状 / 079

二　主要试验任务 / 082

三　城乡融合试点效果评估 / 099

四　试点经验启示和思考 / 105

第五章　用活土地资源，推动城乡融合：基于河南三县（市）调研 / 111

一　三县（市）农村人口和土地利用总体情况 / 112

二　城乡融合中面临的集体土地利用问题 / 114

三　盘活农村集体建设用地的相关政策建议 / 120

第六章　兰考普惠金融改革的经验与借鉴意义 / 126

一　兰考县普惠金融改革试验区的实践经验与成效 / 128

二　对其他普惠金融改革试验区的经验借鉴 / 140

三　普惠金融发展面临的现实挑战 / 144

四　普惠金融改革试验区未来发展方向 / 146

第七章　城乡融合视域下的乡村振兴：基于林州和中牟调研 / 151

一　调研县（市）以城乡融合推进乡村振兴的主要做法 / 153

二　城乡融合背景下乡村振兴面临的问题和瓶颈 / 163

三　以城乡融合推进乡村振兴的对策建议 / 168

第八章　县域经济支撑城乡融合发展：以内乡县为例 / 175
　　一　县域经济发展基础与主要经验 / 176
　　二　内乡县城乡融合发展的 SWOT 分析 / 181
　　三　基本研判与目标定位 / 188
　　四　推进城乡融合发展的对策建议 / 191

参考文献 / 197

第一章
城乡融合的理论与实践进展

一　问题的提出

党的十八大以来,我国完成脱贫攻坚、全面建成小康社会的历史任务,迈入了全面建设社会主义现代化国家的新征程。站在新的历史起点上,我们必须贯彻新发展理念,厘清国内新形势下的主要矛盾,坚持以人民为中心、以实现共同富裕为目标导向促发展。就目前情况而言,城乡差距、收入差距和地区差距直观显示了我国发展中存在的问题,虽有所缓解但尚未从根本上解决,妥善处理上述问题是我国走好新时代共同富裕之路的关键所在。习近平总书记指出,"促进共同富裕,最艰巨最繁重的任务仍然在农村"（习近平，2022：146）。在落实共同富裕行动方案时，我们需要更聚焦城乡差距，更加注重资源向农村、基层、相对欠发达地区倾斜。城乡发展失衡的当下，推动城乡高质量融合发展是实现地区共同富裕的重要抓手。如何提振乡村经济、提高农村居民收入，如何破除城乡二元结构、推动基本公共服务均等化，皆是新时代关系城乡融合发展、社会稳定和谐的重要现实课题。

城乡关系与经济社会发展的协调性、可持续性密切相关。健康的城乡关系在一定程度上反映了经济发展成果更多更好地惠及全体人民，生产要素在空间上的配置也更为合理。经济社会可持续发展的必要条件之一，即为高质量的城乡融合发展，和谐的城乡关系能够为经济社会发展提供强有力的内生动力，促进地区之间资源的流转互补。反之，城乡二元发展格局可能会带来一系列社会问题，如公共服务质量难以提高、贫富差距过大、经济增速放缓等。破解城乡二元发展格局有利于重塑城乡关系，优化城乡功能结构。城乡融合是现有状态下城乡关系最为合理的形态。实现城乡融合发展，应成为新发展阶段我国新型城镇化和乡村振兴战略的重要目标。

河南省作为我国经济大省、人口大省和农业大省，正处于蓄势崛起、攻坚转型的关键阶段，发展活力和后劲不断增强。2022年末，全省常住人口9872万人，常住人口城镇化率为

57.07%[①]，比全国的城镇化率约低 8 个百分点，面临诸多发展不平衡、不充分问题。其中，最大的不平衡问题表现为省际与发达地区存在较大差距，省内城乡之间差距不容忽视，最大的不充分问题则体现在城市之外的广大农村地区。

通过调研发现，河南省当前城乡融合发展的主要障碍有以下六个。一是户籍制度改革未见成效，户口管理工作推行受阻。在户口登记方面，实行个人申报制，给予公民个体变更个人信息等的自主权，但也使得规范性有所折扣，尤其是暂住登记条例一项。在户口迁移方面，不同程度的限制条例阻碍了人口的自由流动，对闲置劳动力的迁移积极性造成一定程度的负面影响。

二是户口一元制改革没有达到预期效果。法律法规的缺位和相关配套政策的缺失，使户口一元制的改革探索很难取得实质性的突破。虽然郑州、洛阳、新乡等地纷纷取消了二元户口，居民统一登记为"居民户口"，但涉及群众切身利益的问题，如农村农业集体权益分配、最低生活保障标准划分等，仍以农业、非农业户口加以区分，改革还未步入深水区。新乡市在推行户口一元制改革 5 年后，不得不于 2008 年在户口上又加注了"城镇居住地居民户口"和"农村居住地居民户口"的标签，走了一条"放开再收紧"的回头路。据了解，江苏、浙江等 16 个省（市）实

---

① 《2022 年河南省国民经济和社会发展统计公报》。

行了"一元制"的户籍管理制度，但目前来看也都处于户籍与其他政策不连通的状态。公安机关每年上报的人口业务年报中，仍然要区分农业、非农业户口。

三是城市吸引农民进城的各项配套措施还不够完善。改革户籍制度、推动城乡高质量融合发展、聚集城市人口及扩大城市规模涉及社会发展的方方面面，是一项长期的系统工程。户籍改革的实质是使与户籍身份绑定的社会福利待遇均等化。作为特殊的人口管控政策，户籍制度可谓牵一发而动全身，在制度层面上保障、在行政层面上落实农民户口转化后能享受到相应社会福利待遇是改革推行的关键。目前相关政策体系滞后，农民转户问题有待进一步落实。

四是小城镇综合承载能力明显不足。小城镇户籍改革虽然已开展多年，但受制于经济发展和基础设施建设，小城镇的城市化水平较低，就业、教育、医疗、交通等配套设施不完善，居住条件较差，吸纳农民进城入户的能力明显不足。近年来，河南省农转非落户小城镇的人口较少，鹤壁、巩义、新郑、偃师、舞钢、义马等6个户籍改革试点城市农转非的情况也不容乐观，人数呈逐年下降的趋势。

五是中等城市在就业支持层面尚不具备大规模吸引农民进城的条件。一方面，从全省情况看，除郑州、洛阳等特大城市、大城市外，其他中等城市能够提供给农转非劳动力的岗位较为有限。中等城市产业结构存在升级空间，以劳动密集为特征的加工制造业规模较小，依托于庞大消费群体和透明市场环境的新兴服务业发展不充分，吸纳农村剩余劳动力的能力有待提升。另一方面，虽然户籍改革力度很大，但城市生活成本居高不下，受限于劳动技能的低收入农民工权衡下更愿意选择在城市打工挣钱、回家有土地做后盾的进退两便的生活方式。

六是城乡待遇出现倒挂，城市人口开始向农村地区回流。受国家惠农政策的影响，广大农民能够享受宅基地、新农合等相关优惠政策，在农村生活基本可以实现"种地不交税、上学不付费、看病不太贵、养老不犯愁"。城市房价高、就业压力大、生活成本高的现实困境使不少已经落户城镇的人员渴望返乡，特别是大中专毕业生要求"非转农"的情况越来越多，"非转农"现象日益突出。各地公安机关虽然严格控制"非转农"，但由于没有法律和政策依据，形成了新的社会热点和难点。

破解这一难题，需要统筹新型城镇化和乡村振兴战略。在持续推进以人为本的新型城镇化进程的同时，通过实现城乡深度融合来推进高质量发展和共同富裕。河南省城乡融合发展的实践探索为我国其他地区提供了有益的借鉴和启示，但也不能忽视河南省在城乡融合发展过程中面临的问题和挑战，需要进一步加强改革创新，完善体制机制，提高政策效能。基于此，中国社会科学院财经战略研究院与河南省社会科学院组成联合调研组，围绕新型城镇化、乡村振兴等领域展开一系列国情调研，现将调研过程中的一些发现与思考进行总结提炼，以期为深入推进城乡融合发展提供决策参考。

本书第二章在对河南省城乡融合发展的现状进行分析的基础上，结合河南省的区域特点和发展需求，从不同的角度和层面，对河南省城乡融合发展的路径、模式、瓶颈和对策进行了深入探讨，以期为河南省推进城乡融合发展提供决策参考和理论支撑。第三章以驻马店市为例，分析了后发地区在推进城乡融合发展中的特殊性和复杂性，探讨了驻马店市如何克服资源禀赋不足、经济基础薄弱、发展动力不足等困难，坚持走出一条符合自身实际、具有可持续性的城乡融合发展之路，实现农业转型升级、农村人居环境改善、农民收入增长、农业社会化服务完善。第四章聚焦许昌市在城乡融合共同富裕发展道路上的探索。许昌市全域被确定为河南省唯一国家城乡融合发展试验区，其经济社会环境与河南省诸多市县有着内在统一性，总结许昌市"摸着石头过河"的经验模式，能够为省域内其他地区城乡融合发展提供一定借鉴和启示。第五章通过对林州市、中牟县和新密市这三县（市）盘活低效集体建设用地资源的经验做法进行归纳总结，提炼出集体土地利用中存在的共性问题，更好为强化乡村振兴用地保障、提高城乡土地利用效率提供决策参考。第六章对农村普惠金融发展的兰考模式进行分析，学习金融赋能乡村振兴和共同富裕的成功实践，以期为贯彻落实、优化调整县域普惠金融部署提供参考。第七章探讨了林州市和中牟县如何在结合各自区域特色和发展需求的前提下，坚持乡村振兴的总要求，实现农业现代化、农村美丽化、农民富裕化，强调和深化了推进乡村振兴战略在促进城乡融合发展中的重要意义和实践路径。第八章基于SWOT分析法探讨了内乡县城乡融合发展的情况，基于基本研判和目标定位，为推进城乡融合发展提供对策建议。

二 理论基础与文献综述

正确把握城乡关系是国家治理中的重要一环，其关系着社会稳定与长治久安。党的十九大正式提出要"建立健全城乡融合发展体制机制和政策体系"，明确"新时代下的城乡融合追求构建城乡良性互动的有机融合体"。城乡融合已然成为现阶段新型城镇化和乡村振兴的重要目标，城乡融合作为高阶的城乡关系形态有着丰富的理论依据和现实意义。

（一）理论基础

1. 马克思主义城乡关系理论

该理论是在吸收空想社会主义观点的基础上形成的，其主要思想为城乡关系作为运动中的矛盾关系,最终会从分离走向融合。具体而言,早期资本主义国家以汲取农业剩余作为工业化和城市化发展的动力,国内城市与农村的关系在发展趋势上逐渐走向对立,城市功能越发完善,农村经济地位逐渐下降。随着工业革命兴起,生产力破除原有物理限制进一步提升,分工水平逐渐提升,商品经济越发成熟,城市与农村的经济差距进一步拉大,城乡关系发生根本性变化。但城市发展与农村发展作为一对发展着的矛盾,有其内在同一性。马克思认为城乡关系的割裂会对城市经济造成巨大压力,同时也会对农村发展和农业生产产生破坏性影响[《马克思恩格斯选集》(第一卷),1972:273]。立足于城乡对立的内在矛盾和经济发展规律,马克思系统论证了城乡融合发展的现实必要性,并指出了其实现路径:在生产力方面,需推动生产力发展,实现工业、农业的深度融合,缩小城乡收入差距;在生产关系方面,需破除阻碍生产要素在城乡之间流动的体制机制障碍,建立适应先进生产力的生产关系,最大限度地促进城乡融合(马克思,1975:900)。

2. 刘易斯－费景汉－拉尼斯模型

该模型由刘易斯(Lewis,1955)首次提出,费景汉和拉尼斯(Fei and Ranis,1964)又结合经济现实对其进行完善修正。

该模型解释了发展中国家常见的二元经济结构及其背后的问题，阐述了人口流动与经济发展之间的关系。刘易斯认为发展可分两个阶段进行，经济体的内在发展过程是农业部门和工业部门的相互作用过程。第一阶段，农业部门中相较于土地等固定生产要素，劳动力可被视为是无限供给的，即"无限剩余劳动供给"模式，故农业部门劳动力的边际报酬较低，工业部门中通过就业获得的工资水平远高于农村劳动收入，农村过剩劳动力有向工业部门转移的天然倾向。工业部门可以用不变的工资水平吸纳该部分转移的劳动力以扩大生产规模，该人口流动会在工农两部门平均工资相等时停止。第二阶段又称劳动力短缺阶段，此时农业部门的剩余劳动力已被工业部门吸纳完毕，工业部门如要进一步扩大生产规模，所需工资将由劳动要素边际生产率决定，相较于第一阶段的工资水平会有所提高。

  费景汉和拉尼斯认为，刘易斯的模型忽略了农业在经济发展中的作用，所以在其模型基础上提出了经济发展三阶段的假说，认为农业中出现剩余劳动力是一种相对的情况，农业生产效率的提高才使得农业部门出现了剩余产品和剩余劳动力。费景汉和拉尼斯将工业部门的扩大视为农业部门的劳动力剩余与工业部门外生的技术进步和资本积累的结果。总的来说，上述模型中所提及的劳动力剩余是由一个先验的假设引起的，该假设认为二元结构下劳动力价格要普遍高于均衡条件下的工资水平，也就是说，农村存在无限供给的剩余劳动力，但是受政策方面的影响，这些劳动力并没有完全流动。

3. 托达罗模型

托达罗模型又称三部门模型，主要解释了农村地区劳动力的流动行为，刻画了劳动力迁移的决策函数。托达罗主张应对农村劳动力向城市迁移的行为加以控制，其认为这种人口流动是损害经济效益的，一方面从城市角度来看，大量的劳动人口迁入会挤压本地居民的就业空间，加剧失业情况；另一方面从农村发展角度来看，留居农村的劳动力不足以支持农村的发展，将进一步拉大城乡差距。该模型是劳动力迁移研究中最基础的模型，无论是对国外移民现象还是对国内农村剩余劳动力区际转移情况都有较好的解释力。此外，托达罗模型还兼具其他模型所不具备的优势，能够为农村劳动力向城市迁移和城市失业这一看似矛盾但实际并存的现象提供一定的分析思路。托达罗的基本观点为，城乡之间的客观收入差异是吸引农村剩余劳动力向城镇转移的基本动因。具体地，农村劳动力在迁移决策时会权衡农村预期收入和进入城市后的预期收入，农村预期收入即未来某年的收入，在当期收入水平上小幅波动，在城市工业部门获得的预期收入即城市平均工资水平与城市就业概率的乘积减去迁移成本（实际成本、机会成本等），若城市预期收入高于农村预期收入，农村劳动力会选择向城市迁移。该模型表明，预期收入、就业形势和迁移成本的估计是影响劳动力迁移决策的重要因素。

虽然托达罗模型对已有经济现实具有较高的拟合度，但也存在一些缺陷，例如仅考虑了流入者的迁移成本，未考虑其在城市的生活成本，生活成本在农业经济生态中可适时忽略，但在工业经济生态中不容忽视；又如模型假定流入城市的农村劳动者待业时宁愿留在城市做临时工也不愿返乡，这与发展中国家的现实情况有出入。

4. 乔根森模型

美国经济学家乔根森在新古典主义的分析框架下，对城乡二元结构、工农业部门有机联系等问题重新进行了阐述，其关键假设为农业剩余是农村劳动力迁移的前提。在简化的两部门经济模型中，农业部门的工资用劳动的平均产品来衡量，工业部门的工资取决于劳动力的边际产出，劳动力能够在两部门之间较为自由地流动，没有行政、地域层面的阻碍。当农业部门生产效率较低时，农业剩余近乎为零，农村不存在剩余劳动力；当农业部门生产效率较高时，农业剩余大于零，此时会形成农村剩余劳动力。而且，根据其另一重要假设，农业增长会带来显著的人口增长，即农业剩余规模会随着农业生产效率的提升而扩大，农村剩余劳动力的数量也随之增加,这意味着会有更多的劳动力转移到工业部门,带动工业的发展。

虽然论述对象相似,但乔根森模型和刘易斯-费景汉-拉尼斯模型存在较大不同。首先,在分析的思路和方法上有区别,前者使用新古典分析范式,以农业劳动力剩余为核心假设,后者采取古典主义分析方法,围绕剩余劳动力展开论述。其次,乔根森认为,农业剩余劳动力的转移是消费结构变化的结果,而非刘易斯模型中的预期收入差异引致的。最后,关于工资率的决定,刘易斯认为,在第一阶段工业部门的工资水平是固定不变的,而乔根森则假设工资率是资本和技术的增函数。值得注意的是,乔根森模型中的部分假设缺乏现实依据,如当存在农业剩余劳动力时,粮食需求收入弹性为零,这不完全符合实际情况。

5. 人地关系地域系统理论

该理论由吴传钧(1991)院士提出,具体内涵如下,人地系统由自然环境、社会、经济等子系统组成,是人类活动与地理环境相互影响、相互反馈、相互联系而形成的复杂的开放的巨系统。任何区域开发、规划和管理都要注重人地关系地域系统的优化,以改善区域人地相互作用结构、开发人地相互作用潜力和加快人地相互作用在地域系统中的良性循环为目标。这一理论有助于全面认识目前城乡发展中的失衡问题，为推进新型城镇化和乡村振兴提供了系统思维，强调应合理布局生产力和城镇系统来保持城乡在结构和功能上的相对平衡。

6. 增长极理论与点轴开发理论

增长极理论由佩鲁（Perroux，1970）提出，是指经济增长通常是从一个或者几个"增长中心"开始的，由其逐渐向其他部门或者地区传导，从而影响整个地区的发展。增长极会产生极化和扩散效应，如果扩散效应大于极化效应，则会带动周边地区经济共同发展，反之则会拉大区域发展差距，形成所谓的"二元经济结构"。该理论合理地解释了目前我国城乡发展失衡的内在经济原因，对如何弱化极化效应、促进生产要素从增长极向周围地区扩散、推动城乡协同发展具有重要的理论指导意义。

点轴开发理论由陆大道（1986）提出，具体为在区域范围内培育或选定若干个增长极，重点建设增长极之间的基础设施轴线，使得增长极的扩散作用能够沿轴线带不断延伸，辐射带动沿线地区的经济发展。随着点轴渐进扩散，地区之间会形成密集的交互空间网络，推动区域经济逐渐走向均衡发展。点轴开发理论在一定程度上可以视为增长极理论的进一步深化。两者的地区适用性有所区别，增长极理论适合经济基础较为薄弱的地区，而点轴开发理论适合经济发展较为充分的地区。该理论为政府推进城乡高质量融合发展提供了思路，有助于构建以点带面的高质量均衡发展的城乡格局。

（二）文献综述

城乡融合发展的核心要义在于城乡间生产要素的自由流动，理论上要素的合理配置能够推动城乡协调发展，从而实现城乡一体化。简言之，破解阻碍生产要素合理流动和优化配置的制度藩篱是实现城乡融合发展的重要抓手。深入研究城乡融合发展这一现实课题，不仅能够激发城乡规划学、经济学等多个学科理论创新的热情，也符合有效实施新型城镇化与乡村振兴战略的实际需求。

1. 城乡融合发展的思想演变

长期以来，城乡关系的研究备受国内外学者的关注，特别是城乡一体化、城乡统筹以及城镇化和城乡融合等高频关键词，凸显了这些主题在城乡关系研究中的核心地位。恩格斯在《共产主义原理》中首次提出了城乡融合的概念，他认为这是城乡关系演进的终极阶段。芒福德（Mumford, 1961）提出，城市和农村是不可分割的整体，并主张分散权力以建立多个新的城市中心，从而形成更大的区域统一体。包括田园城市理论和区域网络模型理论等在内的多种理论，均支持城市与农村融合发展。20世纪80年代初，国内关于城乡融合的研究开始出现，这些研究将城乡融合视为城乡关系发展的一个重要阶段。国内学者逐渐认识到，城乡融合发展对促进区域协调发展具有深远意义，是建设社会主义新农村的基础，不仅能够缩小城乡收入差距，还能帮助实现城乡功能互补（陈方，2013）。在城乡融合发展的理论框架基础上，学者们（陈明星，2018；仇保兴，2012）开展了广泛的实证研究，勾勒了我国自城镇化推进以来城乡分割至城乡融合的变迁过程，并结合自下而上的通过实践摸索的特色城乡融合发展案例，进一步探讨了城乡融合与乡村振兴的深层次内涵，强调了乡村振兴背景下的城乡融合逻辑、关键路径。综上，国内外关于城乡融合发展思想的论述较为丰富，但主要以宏观视角展开，微观机理方面的探讨较少。

2. 城乡融合发展的水平测度与模式研究

城乡之间的联系表现在多个层面，涉及经济、社会和政治等诸多领域，这些联系实际上构成了城乡融合发展的基础。如何较为客观地对这些现实联系进行评估和量化，一直是学术界的研究重点。在跨学科借鉴研究思路与研究方法的基础上，学者们（漆莉莉，2007；曾磊等，2002；曾雯等，2018）构建起多套指标体系以从不同方面评估城乡联系，如城乡一体化指标体系、城乡互动发展指标体系、城乡统筹水平指标体系等，在体系内部又根据研究视角差异设计了不同的指数，用于反映研究对象的真实情况，一般使用的分析方法有因子分析法、格兰杰因果分析法等。在新型城镇化与乡村振兴战略背景下，学者们（曾雯等，2018；耿磊磊，2020；何仁伟，2018）还提倡以县域为尺度，从乡村振兴角度评估城乡融合发展水平。总的来说，目前水平测度的相关研究视角较为局限，多从城市主体角度出发，聚焦于要素的静态单向流动，忽视了要素在城乡之间动态双向流动的可能。

关于城乡融合发展模式的研究，国内外学者均将流动性作为重要的前提假设。卡斯特尔（Castells，1989）提出的"流空间"理论将城市的空间互动作为研究重点，强调了时间-过程性、空间-格局性和综合-地方性的地理空间特征。此理论的应用不仅包含分析城市空间形态和核心—边缘结构，还包括城市网络的结构、功能和连通性的研究。董超（2012）结合我国城镇化演进过程分析了城乡空间组织模式，探讨了城乡一体化空间结构的多样性，并在此基础上构建了流动性分析框架，运用获取的"流"数据，对区域空间结构进行了研究。在具有高度流动性的社会形态中，用"流空间"的思路分析区域空间发展具有其可取之处，但就目前的研究成果来看，还需进一步深化。

3. 城乡融合发展的影响因素与动力机制

新型城镇化与乡村振兴战略的落实有力助推了城乡融合发展。具体地，一方面扩大了城市空间，改变了其组织模式，另一方面重塑了乡村社会经济形态，引发了农村经济结构的深刻变革，两者共同引致城乡空间格局的变化。关于城乡融合发展的影响因素，一些研究将市场机制视为关键，还有一些研究则重视政策制度的力量（陈肖飞等，2016；何仁伟，2018；宋迎昌，2019）。通过深入分析劳动力迁移成本、资本融通情况、基础设施建设现状等如何影响城乡空间网络及其融合进程，学者们已经能够揭示多种动力因素。这些因素有机组合形成了推动城乡融合发展的复杂动力系统，其中包括从市场到政策的各种力量相互作用的机制。

关于城乡融合发展的动力机制，借鉴杨萍和尚正永（2020）的观点，将其大致分为三类：中央与地方政府主导的"自上而下"模式、小城镇通过吸纳农村剩余劳动力推动经济和社会发展的"自下而上"模式以及结合开放政策影响下的外部力量形成的"综合型"动力模式。已有研究提供了较为清晰的逻辑分析思路，但在使用数学语言构建理论分析框架方面还有所欠缺。

4. 城乡融合发展的政策干预

政策干预下的特色体制机制能够更好地指导城乡互动，挖掘城乡功能定位中的互补性，并进一步改善城乡空间的组织结构，平衡工农业在经济发展中的作用。在城乡融合发展过程中，诸如优化土地利用结构与布局、培育城乡联动产业、改造农村集体等现实环节均需依靠实施细则来执行。如合理的土地规划政策能够加快农村土地流转，提高闲置地使用率，实现农业集约化和规模化经营，从而在拓宽农民增收渠道的同时实现农业现代化。国内学者（黄伟雄，2002；顾朝林、李阿琳，2013；郭美荣等，2017）基于各地区资源禀赋与经济基础提出了多种城乡发展模式，如城乡差别化协调发展模式、以发展现代农业为基点实现工农融合的发展模式、借助互联网电子商务升级农村产业结构的发展模式等，强调通过制度创新来实现城乡经济加速融合、促进城乡信息文化交流，进而形成和谐的城乡共生关系。但如需有针对性地实现某地城乡融合发展，还要因地制宜摸索更为具体、更具操作性的调控机制。

（三）研究述评

国外关于该命题的研究主要从两个角度展开：一是城市化不断推进下城乡关系的逐渐失衡；二是城市化发展后期城乡融合的协调有序。

前者认为，随着城市化和工业化的逐步推进，城市和乡村会相互分割，形成两极，其组织结构和生活方式皆迥异。发展中国家城市发展较快而乡村发展较慢，形成对立的二元结构，在该种社会结构下社会贫富差距日益悬殊，国家经济发展受到掣肘，从而使国家陷入中等收入陷阱。发达国家则会出现城市主义与乡村主义的对立：城市主义主张城市化是一种不可逆的发展过程，人口迁移应是单向的，即从农村到城市；乡村主义源于对城市化负面影响的反思，认为城市这一新的社会组织结构的负面影响远大于正面作用，城市过度无序扩张会极大地破坏人居环境，带来众多棘手的社会问题，其主张停止城镇扩展，保护农村免受城市扩张的侵扰。

后者质疑城乡两极对立说法，认为该观点不符合城市化深入推进后的事实情况：城市化纵深推进，城乡之间的关系越发复杂，难以简单将其进行明确划分与界定，城乡融合发展已经成为经济社会发展的主要趋势。例如，冯·布劳恩（Von Braun，2007）认为通过小城镇来构建城市与乡村之间的联系，能够有效刺激农村地区的经济发展，更好地整合空间资源，加强城乡联系，从而实现提高就业率、减少贫困和促进经济增长的宏观目标。

国内关于城乡关系的研究早在20世纪就已经展开，但研究的重点与方向随着政策变化而不断演变。早期主要集中在城乡关系内涵界定和二元结构探究上。陈方（2013）将城乡关系概述为两者因功能各异且互补而产生的一种共生关系，健康的城乡关系是一种城乡要素流动和功能耦合的状态。但在经济发展和城市化推进的过程中，城市表现出强大的极化效应，使得大量生产要素涌入，而城市对农村的扩散作用相较之下不甚明显，可以说这种近乎单向的流动模式严重阻碍了农村经济的发展。

党的十九大重申了城乡关系和谐健康的重要性，强调着力推进城乡高质量融合发展，故而现阶段的研究重心转向了城乡融合的概念解读、水平测度，以及融合发展的内在动力与外部助推政策。张克俊和杜婵（2019）认为，城乡融合有别于城乡统筹、城乡一体化等表述，城乡融合更侧重政府和市场的互动耦合作用，更强调农村和城市是互动共生的有机整体、要素流动需从单向流动转向双向流动，更注重改革探索的系统集成推进。关于融合水平测度，学界尚未形成统一认识，学者往往根据研究主题和研究方法来提取关键因子，从而构建出一套适用的指标评价体系作为研究工具。例如，宁银苹（2019）对武威市城乡融合发展水平进行测度并进行纵向对比分析，得出武威市处于城乡一体化过渡前期的结论。城乡融合发展是政策制度与经济自发力量共同作用的产物，杨志恒（2019）指出，目前城乡融合政策聚焦于缩小城乡居民收入差距、完善基础设施，尝试从多元社会治理的角度推进城乡融合，而通过释放人口的消费需求来挖掘人口与产业之间的"结构红利"正成为激活城乡融合发展的内生动力，城乡人口身份转化与区间迁移成为影响城乡融合发展的关键。

综上,城乡融合发展已经成为城乡关系研究中的重要子课题,学者已从众多方面对该命题进行理论研究与实证探索。但城市与农村作为具体的研究单元,数量众多、区域差异较大,难以得到适用性强的结论,还需结合实际情况,针对性展开调研,进一步探索局部区域城乡高质量融合的可行路径。

三 现状趋势与前景展望

了解城乡融合发展的现状和趋势,需要从全国层面进行实证分析,探究城乡关系的演变规律和发展特点。以下是从不同的角度和指标,对中国城乡关系进行的分析。

(一)历史与现状:中国城乡关系正在发生根本性的转折

1. 从全国层面看,聚中有散使得全国城乡关系发生转折性变化

首先,城乡居民人均可支配收入已经跨越"倒U形"曲线的拐点。由于农村家庭联产承包责任制改革,城乡居民人均可支配收入比从1978年的2.56下降到1983年的1.82,1983~1994年又从1.82快速提升到2.86,之后经过3年短暂下降后上升,

2007年达到历史峰值3.14，之后开始稳步下降，到2024年为2.34，城乡人均可支配收入差距持续缩小，并且在近些年有加速收敛的趋势（见图1-1）。

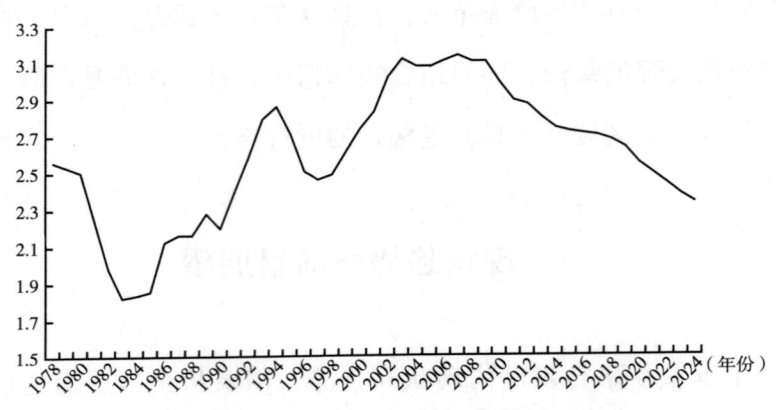

图1-1 1978~2024年我国的城乡收入差距
资料来源：国家统计局。

其次，城乡产业融合取得一定进展。据测算，农产品加工业与农业总产值的比例从2003年的1.04∶1上升到2011年的1.7∶1，再上升至2015年的2.2∶1。[①] 第三次全国农业普查结果显示，2016年全国共有35.5万个规模农业经营户和农业经营单位开展新型经营活动，占总数的比重为5.9%。而据农业农村部有关资料，2008~2016年全国农民专业合作社从11.1万个增加到179.4万个，产业化龙头企业从6.7万家增加到13.0万家。

---

① 2003年数据来自《中国统计年鉴（2004）》，2011年和2015年数据均来自《全国农产品加工业与农村一二三产业融合发展规划（2016—2020年）》。

2003~2016年，农业劳动生产率从9824元/人提高到50610元/人，综合农业机械化率从32%提高到65%（孔祥智，2019），2016年耕地规模化耕种面积占全部实际耕地耕种面积的比重达到28.6%。①

再次，基本公共服务基本均衡。在城乡义务教育方面，从2013年开始，县域内"四个统一、一个全覆盖"的城乡义务教育一体化加快推进。到2017年，全国2379个县实现义务教育基本均衡，占比达81%。在城乡社会保障方面，2009年和2011年分别启动新型农村社会养老保险和城镇居民社会养老保险试点。到2012年7月1日，基本实现社会养老保险制度全覆盖，2015年新农保和城居保制度合并实施，并与职工基本养老保险制度相衔接。截至2020年底，全国参加基本养老保险人数为99865万人，比2019年增加3111万人。②而据民政部统计，2007年全国农村低保年平均标准为840.0元/人，2012年增加到2067.8元/人，2017年为4300.7元/人，2020年为5842.0元/人。2007年全国农村最低生活保障对象约有1608.5万户3566.3万人，2017年为2249.3万户4045.2万人，2020年有1985.0万户3621.0万人。在城乡医疗保障方面，1998年建立城镇职工基本医疗保险制度，2003年新型农村合作医疗制度试点，2007年城镇居民基本医疗保险试点，

---

① 《第三次全国农业普查主要数据公报》。
② 《2020年度人力资源和社会保障事业发展统计公报》。

2010年基本建立覆盖城乡全体居民的医疗保障体系。2018年城乡居民基本医保全覆盖，大病保险覆盖10.5亿人。2019年全国范围内统一的城乡居民医保制度全面启动实施。

最后，城乡基础设施互联互通基本实现。全国通硬化路的建制村占比从2006年的95.5%提升到2018年99.5%。截至2020年9月，全国行政村通宽带比例达到98%，农村互联网应用快速发展。农村宽带接入用户数达到1.39亿户，比上年末净增488万户，98%的建制村连接了4G网络，农村互联网普及率明显提升，乡村通信设施不断完善。全国有体育健身场所的村从10.7%上升到59.2%。96.8%的乡镇有图书馆、文化站，11.9%的乡镇有剧场、影剧院，16.6%的乡镇有体育场馆，70.6%的乡镇有公园及休闲健身广场。城乡一体的生态环境有所改善。城乡的污水处理率分别为95%和22%，生活垃圾处理率分别为97%和60%。[①]

2. 从区域层面看，东部领衔共富，中部发展均质，城乡差距收敛

共同富裕，是中国特色社会主义的本质要求。坚持走共同富裕之路，需要在经济社会发展进程中逐步消除制约共同富裕目标实现的各类因素。共同富裕最主要的表征就是地区间经

---

① 《中国数字乡村发展报告（2020年）》和《第三次全国农业普查主要数据公报》。

济、社会和生活等方面差距的缩小。城乡融合发展是有效消除二元对立和消解地区差距、行业差距、收入差距等问题的重要措施。用城乡居民人均可支配收入差距来衡量城乡经济融合、用城乡居民人均生活消费支出差距来衡量城乡生活融合，可以发现2003~2018年城乡经济和生活方面的差距整体呈现出明显的收敛趋势。

分区域对比可以发现：第一，城乡经济和生活融合均呈现东部领先、中部次之、西部第三的排序，东部地区是城乡融合发展的标兵；第二，综合两个领域看，东部和中部地区经济融合水平均高于生活融合水平，消费差距的问题要比收入差距更加明显；第三，中部地区在两个方面的区域内差异均是最小的，说明中部地区各省份发展较为均质（见表1-1）。

表1-1 分区域城乡融合发展情况对比

表征变量	地区	均值	标准差	变异系数
城乡经济融合	东部	2.347	0.273	0.116
	中部	2.721	0.272	0.100
	西部	2.899	0.714	0.246
城乡生活融合	东部	2.527	0.624	0.247
	中部	2.723	0.444	0.163
	西部	2.865	0.814	0.284

注：城乡经济融合和城乡生活融合均为逆向指标，数值越大表示城乡之间的收入差距和消费差距越大，城乡融合水平越低，反之则表示城乡融合水平越高。

资料来源：国家统计局。

3. 从省域层面看，个别省份人口出现双向流动趋势，"聚中有散"特征逐渐凸显

从省域层面来看，大多数省份城镇人口显著增加，如河北、江苏、浙江、安徽、山东、河南、湖南、广东、四川等。从农村人口变化来看，部分省份农村人口流失放缓，上海、西藏出现了城镇、农村人口双向流动的局面（见表1-2）。与此同时，虽然各省份城乡收入差距拉大，但大多数省份城乡收入比下降，城乡融合发展水平持续提高，城市化进程出现了"聚中有散"的特征。当前我国最大的差距问题仍然是城乡发展差距，最大的结构性问题仍然是城乡二元结构（刘彦随等，2014）。城市"摊大饼"式扩张，引发一系列"城市病"，同时农村青壮年、高素质文化劳动力的大量流失，引发了农村要素非农化、空巢化、土地资源浪费等"乡村病"。为统筹城乡发展，我国先后出台了新农村建设、城乡一体化、新型城镇化、美丽乡村建设等政策（李玉恒等，2019）。但随着巨型城市区域浮现，以珠三角、长三角、京津冀为首的城市群逐渐打破行政边界，经济、人口规模、基础设施、规划层级等也发生改变，城乡一体化、先富带后富现象逐渐浮现。

表1-2 各省份城镇、农村人口及收入变化

省份	城镇人口变化（万人）	农村人口变化（万人）	2020年城乡收入差距（元）	2010年城乡收入差距（元）	2010~2020年城乡收入差距变化（元）
北京市	231	-3	45476	15811	29665
天津市	140	-54	21968	12492	9476
河北省	1320	-1053	20819	10305	10514
山西省	467	-547	20915	10911	10004
内蒙古自治区	251	-316	24786	12168	12618
辽宁省	356	-471	22926	10805	12121
吉林省	43	-381	17329	9174	8155
黑龙江省	-43	-604	14947	7646	7301
上海市	165	20	41526	12975	28551
江苏省	1487	-878	28904	13826	15078
浙江省	1305	-291	30769	16056	14713
安徽省	1002	-849	22822	10503	12319
福建省	749	-285	26280	14304	11976
江西省	467	-547	21575	13190	8385
山东省	1639	-1066	24973	12956	12017
河南省	1886	-1352	18642	10407	8235
湖北省	788	-736	20400	10226	10174
湖南省	1059	-985	25113	10944	14169
广东省	2441	-270	30114	13190	16924
广西壮族自治区	875	-465	21044	12521	8523
海南省	177	-36	20818	10306	10512
重庆市	687	-376	23645	12255	11390
四川省	1517	-1190	22324	10157	12167
贵州省	875	-493	24454	10671	13783
云南省	745	-620	24658	12113	12545

续表

省份	城镇人口变化（万人）	农村人口变化（万人）	2020年城乡收入差距（元）	2010年城乡收入差距（元）	2010到2020年城乡收入差距变化（元）
西藏自治区	62	2	26558	10841	15717
陕西省	771	-551	24552	11590	12962
甘肃省	383	-439	23478	9764	13714
青海省	104	-75	23164	9992	13172
宁夏回族自治区	166	-76	21831	10669	11162
新疆维吾尔自治区	528	-124	20782	9001	11781

资料来源：国家统计局和各省份人口普查年鉴。

4. 从地方层面看，发达区域已经出现城乡融合的超级城市化区域

第一，巨型城市区域是城市化发展趋势。城市化是城乡从一元到二元再到一元的过程，未来中国将呈现出以城市为本底的城乡一体格局。而这个城乡一体，从空间上也表现为先在一些发达区域依次出现巨型城市区域。这些巨型城市区域是由中心城市、都市圈和城市群支撑，同时包括城镇之间和周边的农村区域，表现为一体化和网络化的空间。这一过程也是让一部分地区先发展起来，然后带动更多地区共同发展的过程。

第二，中国巨型城市区域未来必将加快形成。国际上，多位学者已经指出全球出现了这样的巨型城市区域。在国内，长三角经济区、粤港澳大湾区、成渝经济圈已经初步形成。过去，虽然受经济利益驱动,城乡之间人口、资金、产业在突破层层阻力趋向双向流动,但是由于城乡分割的制度障碍,动力远未释放,城乡一体和双赢受较大影响,巨型城市区域远未形成。我国已经开始打破城乡分割的制度藩篱,户籍、土地制度改革,将为巨型城市区域的要素自由流动尤其城乡要素双向流动铺平道路。巨型城市区域发展,包括都市圈和城市群的发展将加快。

第三,巨型城市区域将重塑中国的城乡格局。巨型城市区域崛起,会将长期处于市场之外的乡村土地、住房纳入市场。城乡一体化的土地、住房市场化背景下,基础设施、公共服务将快速实现均等化。城乡产业深度融合的难度也会大大减小,从而带动大都市周边的乡村农民加入更富裕家庭行列,此举也能够在很大程度上解决中心城市和城市中心区的"城市病"问题。

(二)问题与风险:多重两难选择可能让"三农"问题恶化

未来城乡一体是以城市为本底的一体,这意味着非农产业、市民和城市将在经济社会发展中占据绝对主导地位,农业、农民和农村与非农业、市民和城市等值化。但解决"三农"问题始终面临多重两难选择。在政府与市场关系上,非市场化会抑制主体的动力,造成资源错配。在统一与差异处理上,统一的社会保障和公共服务体系会导致动力丧失和国家不堪重负,但差别化又会造成社会保障及公共服务的区域不公和碎片化。在聚集与分散的平衡上，分散布局基础设施保证了公平性但可能导致低效，集中布局基础设施提高了效率但可能影响公平。

1. 推进城乡融合面临比较棘手的两难问题

试图通过要素市场化建设来扩展农民权益的改革，可能被利益团体利用，侵害农民的权益。试图通过差别化的社会保障及公共服务体系构建来因地制宜地促进城乡一体化，可能导致社会保障及公共服务的碎片化，城乡及地区的分割。试图通过大规模在农村和小城镇布局公共资源促进城乡公共资源均衡配置，可能会因为农村人口分散，导致基础设施和公共服务规模不经济或相对过剩，从而严重损害经济的效率。

2. 当前"三农"问题仍在积聚

首先是农业前景黯淡。持续的小农分散经营，使得农业生产规模小、条件差、成本高、效率低、链条短、利润薄，导致投入产出恶性收缩、耕地大量撂荒和农业补贴不堪重负。其次是农村日益破败。土地非市场化利用和人口不断外流，导致建设用地、宅基地和住房大量闲置。据测算，目前农民空置宅基地可以用于整治的达1亿亩，农村住房空置达2500万套（魏后凯，2016）。村落自生能力缺乏、转移支付有限导致路水电气信等基础设施质量差、密度低，也导致村容村貌脏乱、生态环境恶化。最后是农民不断流失。半城镇化导致青壮强健的人口流向城镇，老幼弱病留守农村。第三次全国农业普查显示，50岁以上农业生产经营人员占比达34%，初中及以下农业生产经营人员占比为91.3%。民政部等的调查显示，2015年农村留守儿童、妇女和老人的总数超过1.5亿人，占5.64亿农村人口的27%。据测算，2010年农村60岁以上老龄人口比例为15%，2020年农村60岁以上老龄人口比例为18.7%。①

3. 未来"三农"风险可能加大

一是农业规模经营挑战巨大。对于高风险的弱质农业，未来资源环境约束增加农业成本，全球化竞争挤压农产品价格，农地产权关系复杂提高规模化经营不确定性，强势企业和弱势农民博弈提升违约概率，资本下乡炒作影响农业稳健经营。二是农村公共投入不堪重负。一方面，农村基础设施完善和旧村改造需要大量的公共投入；另一方面，大规模在农村和小城镇布局公共资源，以促进城乡公共资源均衡配置，可能会导致基础设施和公共服务规模不经济或相对过剩，严重损害经济的效率。三是农民陷入长期贫困状态。一方面，持续城镇化将使留守人口老病贫弱

---

① 2010年和2020年《中国人口普查年鉴》。

更加严重，2020年60岁以上的老龄人口比重已达18.7%，2035年前后将突破30%；另一方面，新技术应用和农业规模化经营，可能导致老弱农民大量失业，"土地市场化"可能让更多农民陷入"三无"境地，加上老病的农民工大量返回农村，可能使大量的农民作为弱势群体和边缘阶层长期处在贫困状态。

（三）趋势与对策：以"村市化"推动"三农"融入"三城"

1. 城乡融合的主要远景

"三农三城化"是城乡一体的核心目标。未来应建立城乡一体的城市中国，实现城乡等值的现代化。一方面，非农产业、城镇和市民将成为中国经济社会的绝对多数，农业、乡村和农民将成为相对少数；另一方面，二元的城乡社会将变成一元的城市社会，城乡产业、空间、人口等多方面关系将从对立走向统一、从分割转向融合、从排斥走向合作、从输赢转向双赢、从单向流动走向双向互动。在智能化时代，在产业方面，一方面，相比种养，农牧业加工、制造和服务将成为绝对主体；另一方面，农业活动与非农活动日益趋同，农业转向规模化、工厂化、园区化、信息化和智能化。在空间方面，虽然农村保留区与城镇建成区自然属性不同、社会功能有别；但是，一方面更多的农村区域将转为城镇化区域，另一方面农村区域的基础设施与城镇将趋同。在居民方面，25%的居民居住在农村从事农业事务。

2. 城乡融合的发展目标

未来城乡关系将从基本领域的基本一体走向基本领域的全面一体。数据显示，2020年城乡关系在基本领域实现了基本一体，并有望在2035年实现全面一体。在产业融合方面，2020年农产品加工转化率为67.5%，农产品加工业与农业总产值比为2.4∶1，2035年农产品加工转化率将接近80%，农产品加工业与农业总产值比将超过3.0∶1。[①] 在生产要素方面，在2020年推动城乡土地、资金和人才等要素市场化的基础上，2035年将基本实现自由流动和等价交换。在基础设施方面，在2020年道路、供水、电力、信息等村村通和全覆盖的基础上，2035年将实现市政基础设施和社会基础设施全覆盖。在生态环境方面，在实现城乡污水和生活垃圾100%集中处理基础上，实现城乡处理率均达到100%。在公共服务方面，在2020年县域城乡义务教育基本均衡比例达到95%的基础上，2035年城乡教育质量、办学水平差距显著缩小。全国统一的城乡居民医保制度在2019年全面启动的基础上，2035年基本实现。居民基本养老保

---

① 《我国农产品加工产业科技贡献率达到63%》，光明日报网，https://news.gmw.cn/2021-03/25/content_34714169.htm。

险在2020年城乡全覆盖的基础上，2035年实现全国城乡基本均等。

3. 城乡融合的主要对策

农民市民化是城乡融合发展的一个维度，关键是将农民与市民的收入差距缩小到合理的水平，使农民和市民的基本公共服务均等化。以"村市化"推动"三农"融入"三城"。

首先是农业产业趋向城市产业。通过促进规模化经营和智能化应用，让农业市场结构趋向垄断竞争，从而实现规模报酬递增，使农业像城市里的非农产业一样盈利。其次是农村接轨城市。通过"三块地"市场化，建立村民居住地的适度集中利益引导机制，使农村资源要素既有价值又能自由流动，不仅让农村资源优化聚集和空间重新塑造，而且使农村拥有可持续资金支持的智能化的基础设施。最后是农村居民同权城市居民。一方面，通过城乡劳动力市场化，促进城乡人口有序流动，打破农民和市民职业及身份界限；另一方面，通过农村基本公共服务全覆盖，缩小农村居民与城镇居民的差距，实现职住不变的农民与市民一个样。

第二章
河南省城乡融合发展的现状、
　　问题与对策建议

党的十九大报告强调，要坚持农业农村优先发展，建立健全城乡融合发展体制机制和政策体系。2021年中央一号文件进一步指出，加快形成工农互促、城乡互补、协调发展、共同繁荣的新型工农城乡关系。这是在保持以往城乡统筹发展框架下，对新时代城乡关系的重新思考，也是此后推动乡村振兴和新型城镇化的重要指导原则，必须在深入理解城乡融合发展的深层含义的基础上，积极开展城乡融合发展的长期机制的探索。作为一个人口众多且以农业为主的省份，河南省的经济发展水平和常住人口城镇化率长期低于全国平均水平。因此，积极推动河南城乡融合发展不仅是实现全省经济社会高质量发展的客观需求,也是实现乡村振兴战略全面落地的必然选择,对于河南的发展具有独特且深远的意义。

一 河南省城乡融合发展的基本情况

近年来,河南省坚决贯彻落实中共中央、国务院关于加快推进城乡融合发展的战略部署,突出以城带乡、以工促农,不断完善城乡融合发展体制机制,促进城乡生产要素自由双向流动和公共资源合理配置,制定出台了一系列政策文件,积极探索农业大省和人口大省构建新型城乡关系、推进城乡融合发展的有效路径,取得了积极成效。

(一)以生产要素自由流动为牵引推动城乡经济互促发展

重点探索解决好人、地、钱、技术等要素在城乡间的合理流动和优化配置,促进城乡优势互补。

一是加快推进农业转移人口市民化。进一步放宽农业人口进城落户的条件,放开农村户籍高校学生的落户政策,基本完成农业转移人口城镇落户"零门槛"制度建设。进一步推动外来迁移人口与本地居民平等享受城镇基本公共服务,全面落实居住证制度。根据河南省公安厅统计数据,截至2021年2月,全省共发放居住证 400 余万张。

二是稳步开展农村土地改革。创新宅基地复垦券制度，通过省级交易平台对农村结余建设用地指标进行有偿交易，实现农村建设用地指标的流转。根据河南省自然资源厅数据，截至 2023 年 5 月，全省累计交易复垦券超 22 万亩，带来的收益超过 420 亿元。积极开展农村土地确权登记颁证，推动 98.2% 的确权农户完成登记颁证，推动 60% 以上家庭承包地发展农业适度规模经营。

三是引导资金资本进入农村农业。聚焦"三农"重点领域，加大涉农贷款投放力度，全省涉农贷款余额快速增加，2019 年增长 10.26%。深化农村金融改革，组建新型农村金融机构和农村商业银行，同时引导大型和中型银行将服务重心向农村下沉，确保银行业金融机构在全省乡镇实现全面覆盖。

四是大力推进先进技术和人才向农村流动。实施新型职业农民培训计划，畅通智力、技术、管理下乡通道，每年培育新型职业农民 20 万人。推动科技成果下乡，优化服务环境和条件，推动 100 多万农民工返乡创业。

（二）以补齐农村基础设施和公共服务短板为重点推进城乡均衡发展

一是坚持城市与农村基础设施建设并重，推进城乡基础设施合作共建、联网共享，加速城乡基础设施延伸连接。积极推进"四好农村路"建设，全省农村公路里程达23.8万公里，实现城乡公交网络全覆盖。完成新一轮农网改造升级，全面解决存量"低电压"问题，实现城乡各类用电全面同价。推动农田水利、信息等基础设施建设全面提速。实现20户以上自然村4G网络全覆盖。二是推进城乡教育资源均衡配置。实施"全面改薄"、扩充城镇资源计划，落实城乡义务教育"四统一"，推动全省84.8%的县（市、区）通过国家义务教育均衡发展督导评估认定。加快城镇学校建设，扩充城镇义务教育资源。三是推进城乡基本社会保障一体化。建立统一的城乡居民基本养老保险制度，实施"全民参保计划"，全省城乡居民基本养老保险参保率达到99.02%，实现城乡居民基本养老保险基础养老金"三连调"。全面实施城乡统一的居民医保制度。

（三）以农业供给侧结构性改革为主线促进城乡产业融合发展

深入推进"四优四化"，突出抓好农业现代化，提高农业质量效益与竞争力。一是持续优化农业供给结构。截至2021年，全省优质专用小麦种植面积超1500万亩，培育农业产业化集群近550个，农产品质量安全检测合格率保持在97%以上。二是稳步提高粮食生产能力。2023年，粮食总产量达到1324.9亿斤，超全国总量的1/10，这是河南省粮食总产量自2006年首次突破千亿斤之后，连续18年超过千亿斤。主要农作物良种基本实现全覆盖，全省农作物耕种收综合机械化率达到85.31%。三是推动农村三次产业加速融合。推行农产品加工业提升计划，促进农业与旅游、教育、文化及康养产业深度融合，积极培育以农业为主的新型发展载体。新批准100家省级农业产业化联合体，新增3个中国特色农产品优势区，同时创建8个农村一二三产业融合发展先导区。

（四）以开展试点示范为抓手推动体制机制改革创新

围绕破除体制机制障碍，扎实推动改革试点市县站好全省农村改革的先锋岗，当好探索城乡融合发展的"排头兵"。

一是推进濮阳市农村集体产权制度改革试点工作。突破"核查清资产、界定清成员、设置清股权"等关键环节，完善农村产权交易服务体系，推动农村"两权"抵押贷款试点，探索出农村集体产权制度改革的"华龙模式"。截至2019年，濮阳市99%的行政村完成清产核资，农村土地承包经营权发证率达99%，宅基地、集体建设用地发证率超90%。

二是推进兰考县普惠金融改革试验区的建设。围绕"普惠、扶贫、县域"三大主题，开发了"以数字普惠金融为核心，以金融服务、普惠授信、信用信息管理、风险防控为支撑"的"一平台四体系"兰考模式，为普惠金融实地应用提供了有效途径。从2016年底到2019年末，兰考地区农户获贷率从6.06%升至40.88%，提升34.82个百分点，有效推动了兰考的持续脱贫和乡村振兴。

三是推进长垣市农村土地制度改革三项试点工作。全面探索并实施了缩减征地范围、提升补偿标准、规范征收程序以及建立多样化保障机制的土地制度改革，涉及33个项目共计3919亩土地。积极探索宅基地"三权分置"实现形式，通过拆旧复垦和宅基地有偿退出，盘活集体建设用地8707亩。探索建立"同权同价、流转顺畅、收益共享"的农村集体经营性建设用地市场制度。这一制度的实施有效盘活了集体土地，用于工业和服务业，推动了乡镇创业园的建设，实现近200家小微企业的成功落户。

（五）以县城建设为载体持续推进大中小城市和小城镇协调发展

认定一批县域治理"三起来"示范县（市），赋予县（市）255项经济社会管理权限，将财政直管县（市）的范围扩大至全部县（市）。城镇功能品质显著提升，百城建设提质工程深入推进，供水、排水、燃气等市政公用设施体系更加完善，污水处理率、生活垃圾无害化处理率均超过全国平均水平。城市综合服务设施覆盖率达到100%。全面落实中共中央办公厅、国务院办公厅《关于推进以县城为重要载体的城镇化建设的意见》，推动县城重点围绕公共服务、环境卫生、市政公用、产业培育等方面提升综合承载能力。在2022年9月国家发展改革委全国县城建设专题视频会上，兰考县作为县域发展优秀代表介绍先进经验。充分发挥国家级县城新型城镇化建设示范县（市）引领作用，分年度推动兰考县、新郑市、新安县、鄢陵县、南乐县谋划补短板强弱项重点项目912个，总投资1839亿元。围绕"一县一省级开发区"建设，积极谋划争取县城产业园区基础设施领域政策性金融工具项目42个，总投资418.5亿元。大力支持永城等10个城市加快发展成为中等城市，特别是永城聚焦农业经济、工业经济、城市经济、文旅产业、城乡融合发展五大领域发力，全面提升城市就业承载能力，2020年中心城区突破50万人。

二 后发农业大省推进城乡融合的战略意义

习近平总书记在2022年中央农村工作会议上指出，要"加快建设农业强国"，"大力推进农业农村现代化"。中国式现代化离不开农业农村现代化，走好统筹城乡的新路子，既是农业大省践行中国式现代化的必然要求，也是农业大省在服务国家大局中实现自身高质量发展的必然选择。

（一）城乡融合是农业大省现代化的必由之路

"强国必先强农，农强方能国强。"农业农村现代化是中国式现代化的"压舱石"，也是现代化最艰巨最繁重任务之所在，对于农业大省来说，更是如此。农业农村不仅是现代化的基础支撑，更关系到现代化的质量和成色。农业大省面临人均资源有限、基础设施薄弱、历史遗留问题较多等挑战，"三农"是其现代化过程中的一个薄弱环节。与新型工业化、信息化、城镇化的快速发展相比，农业农村的现代化进程明显滞后。因此，必须采取城市带动农村、工业促进农业的策略，加快补齐短板，从而实现从农业大省向农业强省的根本转变。

（二）缩小城乡区域差距是农业大省实现共同富裕的必然要求

城乡区域差距是发展不平衡不充分问题和制约共同富裕的最大短板，2022年，河南城乡居民人均可支配收入比为2.06，低于 2.45 的全国平均水平。从绝对值看，城乡居民人均可支配收入分别比全国低 10799 元和 1436 元，且全省城乡居民人均可支配收入绝对差距呈现扩大态势，从 2012 年的 12918 元扩大到 2022 年的 19787 元。[①]2022 年，农业仍是全省 1300 多万人就业的产业，农村仍是全省 4200 多万人常住的家园。[②] 加快让农业强起来、农村美起来、农民富起来，实现城乡融合发展，推动基本公共服务均等化，并确保农村地区具备现代生活条件是缩小城乡差距的关键。这将帮助农民实现全面发展、过上更加富裕更加美好的生活，从而增强农民的获得感、幸福感和安全感。

（三）畅通城乡循环是农业大省融入和服务新发展格局的迫切需要

2022 年，河南常住人口 9872 万人，位居全国第三，在人口负增长和老龄化不断加剧的背景下，这是河南的优势和潜力所在。尤其是每年约 150 万人的城镇化进程、2 万多亿元的社会消费水平，对各类技术、产品、服务的需求空间广阔，使得中原市场成为构建国内统一大市场的战略要地。畅通城乡要

[①] 《2022 年河南省国民经济和社会发展统计公报》。
[②] 《河南统计年鉴 2023》。

素流动和经济循环，激活农业农村潜在的投资需求和消费动能，是畅通国内经济大循环、提升经济弹性的关键。充分发挥人口多所蕴藏的创业商机多、孕育的创新活力强、蕴含的市场需求大的优势，在统筹城乡的进程中推进共同富裕，既是河南现代化建设的必答题，也是河南融入和服务新发展格局的迫切需要。

（四）走出城乡融合新路子是顺应城乡演进规律的内在要求

2022年，河南城镇化率为57.07%，比全国低8.15个百分点，这意味着全省城镇化还有较大提升空间。同时，根据城镇化规律，城市群、都市圈将继续深化，逆城镇化的趋势也将逐步形成。这必然会带来城乡人口分布、生产生活方式和居住环境的重构，农户、村庄都将呈现分化加剧的趋势，以托管等为代表的乡村服务业将有效承接农户分化后的生产生活组织功能，一部分村庄将向集聚型村镇乃至社区转型，而一部分村庄的空心化将更加突出。这也决定了必须在科学把握城乡人口流动态势和趋势的基础上，走统筹城乡的新路子，把握乡村的差异性及发展走势分化特征，因地制宜指导村庄发展、建设和乡村建筑风貌管控，使乡村空间布局与城乡人口流动态势相适应。

三 河南省推进城乡融合发展的重点难点

作为后发农业大省，河南省统筹城乡的任务更重、难度更大，需要补齐的短板弱项更多，更需要创新思路举措，完善相关政策措施。

（一）发挥后发优势、规避后发劣势

作为中国的缩影，河南省在现代化进程中，人多地少的基本省情和农业大省、大国大省经济体的实际，决定了其在统筹城乡方面面临后发优势与后发劣势并存的局面。一方面，作为后发地区，可以充分借鉴先发地区的经验教训，充分利用科技革命、产业变革的机遇和条件，少走弯路、不走错路。另一方面，也面临后发地区选择空间收窄的制约，不能继续走先污染后治理的老路，特别是"粮、人、地"的三重约束，成为统筹城乡、推进现代化河南建设的内置前提和先决条件。作为粮食生产大省，河南不仅要满足近亿河南人自己的吃饭问题，而且每年外调600亿斤原粮及其制成品，为保障国家粮食安全、主要农产品有效供给做出了重要贡献。在粮食比较收益偏低、发展机会成本高企的背景下，这既是河南的贡献，也是河南的奉献，更是作为国家粮食生产核心区推进现代化建设必须扛稳扛牢的任务。因此，必须积极

探索粮食安全前置型、耕地保护红线和用地供需矛盾硬约束型的城乡融合发展模式。这既是统筹城乡的困难所在，也是探索新路子的"新"意所在。

（二）放大比较优势、塑造发展胜势

河南是粮食生产大省、畜牧大省、经济作物大省、农产品加工大省、农村人力资源大省，2022年农林牧渔业总产值突破万亿元、居全国第二，农村劳动力转移就业3182万人、全国最多，这些都是统筹城乡的坚实基础和独特优势。特别是当前粮食作为战略性资源的属性更加突出，广袤乡村的经济价值、生态价值、文化价值日益凸显，乡村作为消费市场和要素市场的重要作用日益显现。河南广大乡村积蓄着巨大内需潜力，既有基础设施补短板带来的投资需求，又有农村家电、汽车等迭代升级蕴含的消费需求；既有4200多万农村人口的巨大改善性需求，又有每年上百万农民工市民化的巨大提升性需求。人才、土地、资本等要素加速在城乡间双向流动，随着人回乡、钱回流、企业回迁的"回归经济"加快兴起，统筹城乡将成为拓展内需的最大空间所在、高质量发展的最大潜力所在，也是基于现代化目标任务、依托发展基础、发挥独特优势、塑造发展胜势的战略重点和难点。

（三）打破路径依赖、实现转型赶超

在历史上的城乡发展模式中，城市往往被置于核心和主导位置，而乡村则处于从属和被动的地位，导致乡村肌理被扭曲、多元性被破坏，也导致传统农业产业链短、价值链低、供应链弱。而正在全面起势的现代农业，链条完善、循环畅通、运转高效，能够架起从田间地头直达百姓餐桌的高速通道，农村电商、乡村旅游、休闲康养等新业态新模式也正在全方位大规模向农村渗透。这些都倒逼打破传统资本导向型、城市优先型发展模式的路径依赖，从根本上改变单纯以发展城市转移农民的路径，改变乡村从属并服务于城市的地位，城市优先的发展模式向城乡互补、平等交换的新模式转变。这些变革有助于将城镇和乡村视为一个整体，构筑基础设施协调布局、产业分工协作、公共服务共享、生态环境共治的城乡融合发展空间，实现面向共同富裕和现代化的转型赶超。

四 推进河南省城乡融合发展对策建议

城乡融合发展不同于仅强调政府调控的城乡统筹，其更加重视市场在资源配置中的关键作用，通过城乡要素的重新整合、产业的重构及空间的协同，进一步激发农业和农村的自我发展动

力，增强其内生增长能力，以实现更高质量、更可持续的乡村振兴。因此，城乡融合发展不是简单的统筹，也不是片面追求表象的趋同，更不是对城乡失衡的忽视，而是通过主动创新生产与经营模式、社会服务体系、产业组织形态以及优化乡村治理结构，增强供应链、产业链、价值链、创新链和生态链等各类现代化链接，以此将现代资源要素和文明注入乡村，实现"四化"同步发展以及产业的现代化和城乡关系的根本变革，让城乡居民均可享受到更加均衡的经济和文化发展成果。

（一）完善规划引领机制，充分发挥要素和产业的融合功能

城乡融合发展不是短时间就可以完成的简单工作，不能通过"摊大饼"的方式四面出击，快速实现城乡融合，其是一个长期且系统的工程，需要有足够的历史定力和发展耐心，科学规划、强调质量、稳步推进。城乡融合发展不是城乡条件下资源配置的简单博弈，而是通过要素和产业的深度融合及空间整合，推动城乡间的产业对接、生产力优化及质量效益提升，实现城乡全面融合和共同繁荣。因此，城乡融合发展应强化规划的引导作用。

一是创新规划保障机制，确保规划发挥正向引导和纠偏功能，既促进乡村从传统向现代的根本性转型，全面提升乡村功

能，又兼顾乡村的发展规律和个体差异，实现一体化规划和多规合一的有序推进、深度融合。二是创新要素保障机制，打破行政区划的限制，消除不适宜的体制壁垒和政策障碍，在市场准入、财政支持、金融服务、用地用电、人力资源等方面积极推动政策和机制创新，促进"资智"双流，强化城乡融合发展的资源要素保障，为城乡平等参与经济社会发展提供坚实的政策基础，实现资源要素融合、产业空间重构。三是创新产业融合机制，引导要素和产业集聚，促进城乡要素链、产业链、创新链、服务链有机融合，加速推动农业发展导向从增产向提质转变，以技术、制度和商业模式创新为动力，依托新型城镇化，促进农村产业的更新和多样化发展，建立农业与第二产业和第三产业互补、利益紧密相连的现代产业体系，形成更为协调的产城融合新格局。

（二）完善政府引导机制，充分体现农业农村优先发展原则

城乡融合发展策略本质上要求优先支持农业与农村发展，这种优先虽依赖市场机制实现，而非仅仅依靠行政手段，但政府的引导仍是必不可少且无可替代的关键力量。2017年中央农村工作会议已经明确提出"在干部配备上优先考虑、在要素配置上优先满足、在公共财政投入上优先保障、在公共服务上优先安排"的具体要求，而要真正将农业农村优先发展的策略落到实

处，需坚持重农固本，始终将解决"三农"这一关系国计民生的根本性问题作为优先任务。

首先，公共财政应优先保障，积极推动财政更多支持"三农"，确保财政投入持续增加，建立健全乡村振兴战略财政保障制度，确保财政资金投入与乡村振兴的目标任务相匹配，充分利用财政资金的引导作用，通过提供税收优惠、财政补贴等方式，吸引企业和非政府组织参与农村建设，撬动更多金融及社会资本向乡村振兴倾斜。其次，需重点解决基础设施与公共服务的短板问题，增强对农村基础设施建设的支持，切实提升城乡基本公共服务的均等化水平。最后，要强调以新发展理念为统领，从根本上扭转乡村在城乡发展中的从属边缘地位，坚持创新、协调、绿色、开放、共享的新发展理念，既要注重乡村外部资源要素的整合与流入，也要注重活化和聚集乡村内部资源要素，更要注重优化城乡资源配置，适时开展区划调整，并从过度追求 GDP 增长速度的固定模式中解放出来，处理好短期与长期利益的平衡，重视基础设施建设与长远规划，着力加速城乡高质量融合发展，从根本上重构新型城乡关系。

（三）完善市场导向机制，充分激发城乡融合内生动力活力

当前，影响城乡均衡发展的核心挑战在于生产要素并未实

现在城乡之间的平等流通，而存在的是资源要素在城乡间的不对称流动。一方面，农村地区的劳动力及金融等现代经济所需的关键资源在市场机制的作用下自发地从农村流向城镇，形成了城镇对乡村的显著优势。另一方面，资本、技术以及现代文明从城市向乡村的流入相对有限，这进一步加剧了城乡之间发展的不平衡。推动城乡一体化发展，不仅需要增加对农村的资源投入，更为关键的是要改变资源单向流动的现状。然而，改变这一局面需以市场在资源配置中的决定性作用为基础，这实际上为城乡融合设定了先决条件，也提升了实现城乡融合的复杂度。

一是要加速构建统一的城乡要素市场，完善生产要素与资源定价机制，确保其能够真实反映市场供需、资源稀缺性及环境损失成本，畅通城乡融合发展的通道。这种方式可以有效地激发农村地区的市场活力，增强其自我发展能力。二是应积极优化城乡资源要素自由流动的政策框架，进一步促进城乡资源的双向流动，一方面继续推进新型城镇化，加快农业人口向城市转移的进程；另一方面引导鼓励工商资本进入农村投资兴业，积极支持农民返乡创业，并吸引各类主体从智力、技术、管理等方面参与农村发展，提升城乡资源配置的效率，促进农村地区的经济多元化。三是探讨建立针对城乡要素流动失衡的熔断机制，强化风险防控，明确政策界限，设置建立必要的"防火墙"，严厉打击投机和不正当竞争行为,切实维护农民权益、农业资源和农村环境,确保城乡平衡可持续发展。

(四)完善创新驱动机制,充分释放全面深化农村改革红利

城乡一体化的发展不应仅依赖于农村内部的资源积累,更需外部资源的有力支持。虽然难以主要依靠农村自身的积累实现一体化发展,但完全依赖外部投入要素也不切实际。单向的资源输入虽可在短期内弥补发展不足并取得示范效应,但若未能盘活农村多样的资源要素,就难以实现城乡的深度融合和共同繁荣,之前取得的成效也会逐渐消散且难以持续。因此,必须强调积极吸纳创新资源,全面深化农村改革。

一是要大力促进科技创新与发展模式创新,积极实施数字乡村战略,促进信息共享,打破数字垄断和信息隔离,避免信息孤岛的出现,大力推动数字农业和智慧农业的发展。增强农业信息化,加快农业科技进步和推广,积极培育新产业、新业态和新模式,提升农业生产效率和市场响应速度,实现农业的高质量发展。二是要进一步深化农村土地制度及产权制度改革,推动建立农村土地承包地"三权分置"制度,持续推动宅基地"三权分置"改革,深化农村集体产权制度改革,完善农村产权交易市场。进一步探索"资源变资产、资金变股金、农民变股东"的改

革策略，重点推进农村集体经济发展，为农民提供更多的投资、增收机会。三是要加快推进农业和农村领域的"放管服"改革，加速转变政府职能，推动简政放权和放管结合，优化服务，消除一切束缚农民手脚的不合理政策限制和歧视。完善城乡一体化的考核评价机制，促进城乡资源要素的自由流动，以政策支持确保资源的高效配置和利用。四是要创新乡村治理，探索现代乡村治理的新方式，优化现代乡村治理主体，创新治理手段，运用大数据等现代科技手段，构建现代乡村治理信息系统，提升乡村治理体系的现代化水平。增强乡村自治能力，提升公共服务效率，促进乡村社会的和谐稳定。

（五）完善文化先导机制，充分彰显乡村文化生态个性魅力

当前，必须满足人民日益增长的美好生活需要，这些需要涵盖物质、精神文化及生态环境等多个层面，其中不仅包括基本的食品数量、质量安全，还包含对优良的生产生活环境和更多高质量生态产品的需求。从应对新时代我国社会主要矛盾的角度，推动城乡融合发展，必须积极拓展农业的多功能性，充分利用乡村在提供高质量、安全的农产品及优良的文化和生态产品方面的优势，增强乡村的吸引力，打造新的价值洼地。在对传统乡村进行现代化改造的过程中，我们还需突出乡村的文化生态个性

魅力,并防止城市化过程中"以城带乡"的策略退化为"以城代乡",防范城市元素和城市文明取代乡村独特的风貌和文明。

在具体实施策略上,一是要强化城乡命运共同体意识,深入了解城乡联系日益紧密的客观现实,深化对城乡关系及其变化趋势和发展规律的再认识,增强城乡之间的互动、互促、互补,促进城乡文明的共生与共荣。二是要积极引入现代文明元素,创新交流载体,推动市场意识、契约意识、民主意识、法治意识、开放意识、合作意识等多种现代文明观念在乡村普及,使之与乡村的地方风情深度结合、相得益彰。三是要充分发掘乡村的多种功能和潜在价值,致力于培育文明的乡风、良好的家风、淳朴的民风,大力推动乡村优秀传统文化的传承和发展,积极开发和推广乡村的优质生态产品,以此提升乡村的综合竞争力和可持续发展能力。

第三章

后发地区推进城乡融合发展的驻马店模式

  2019年,《中共中央 国务院关于建立健全城乡融合发展体制机制和政策体系的意见》发布,根本目的是重塑新型城乡关系,走城乡融合发展之路,促进乡村振兴和农业农村现代化。当前,我国推动城乡融合发展,既有现实而深刻的时代背景,又有重要而深远的意义。因此,需要从理论和实践相结合的角度,进行实际调查研究,总结经验、提炼理论、细化政策、加快推进。通过对一个区域的城乡融合经验、问题,以及其对竞争力提升的影响等进行分析,不仅能够"解剖麻雀"找出案例区域的发展思路,也能为促进全国城乡融合发展提供理论素材和政策启示。

一 "聚中有散"驱动城乡融合

为了更好地理解城乡融合发展的内涵和意义,首先回顾国内外关于城乡关系的理论发展历程,从不同的视角,探究城乡关系的演变规律和发展趋势。

(一)文献回顾

协调视角下的城乡一体观。西方城乡一体化发展理论最早出现于空想社会主义者的构想。从莫尔的"乌托邦"到傅立叶的"法郎吉",虽然这些空想社会主义者的想法和实践都遭到了失败,但在他们的观点中,都把城市的发展看作社会经济的发展范畴,努力使城市的发展与周边农村地区的发展相协调,使工业生产与农业生产相协调,为后来的田园城市和卫星城市等城乡发展理论提供了许多参考和借鉴。

发展视角下的城乡关系观。马克思和恩格斯提出了从城乡对立走向城乡融合的城乡关系理论。他们认为,在人类历史的发展过程中,城市与乡村的关系经历了三个辩证发展的阶段。第一阶段,城市诞生于乡村,乡村是城市的载体,乡村在整个人类社会系统中占据主导地位。第二阶段,随着工业的发展,城市经济逐渐占据人类社会的主体地位,随着城市工业化的发展,城市与农村在经济、社会、文化等方面的差异也愈加明显。城乡分割、城乡对立等现象也逐渐显露出来。第三阶段，随着城市化的深入发展，城市与乡村之间的依存度大大提升，城市与乡村之间逐步走向融合。这里提出的"城乡融合"的概念是城乡一体化发展的终极目标，"使现存的城市乡村逐步演变为既有城市的一些特征，又有乡村的一些特征的新社会实体"，全体成员才能得到全面的发展。

城市视角下的城乡一体思想。英国学者埃比尼泽·霍华德（Howard，1902）在《明日的田园城市》中绘制了著名的三磁铁图，三块磁铁分别注明为"城市"、"乡村"和"城市－乡村"，三种引力同时作用于"人民"，于是提出了"城乡一体化"的观点：城市和乡村都各有其优点和相应缺点，而城市－乡村则避免了二者的缺点。芬兰建筑师伊利尔·沙里宁（Saarinen，1943）提出的"有机疏散理论"（Theory of Organic Decentralization）认为，城市和自然界的所有生物一样，都是有机的集合体。这一理论的最显著特点是使密集的城市地区分割成几个相关联的小面积镇区，它们彼此之间用保护性的绿化地带隔离开来，使各个镇区之间既有联系又有隔离，但从区域的角度上看，则是一个城乡差距较小的城乡区域均质体。美国城市建筑师弗兰克·劳埃德·赖特（Wright，1935）提出，未来城市应是无所不在而又无所在的，这是一种与古代城市或任何现代城市差异如此之大的城市，以致我们根本不会把它当作城市来看待。他认为，在汽车和廉价电力遍布各处的时代里，将形成一种完全分散的低密度的生活、居住、就业相结合的新形式，即"广亩城"。这是一个把集中的城市重新分布在一个地区性农业的方格网上的方案。

巨型区域视角下的城乡融合观。麦基（McGee，1994）研究发现，亚洲国家城乡之间的关系日益密切，城乡之间的传统差别和地域界线日渐模糊，城乡之间出现了一种农业活动和非农业活动并存、趋向城乡融合的地域组织结构。他用村庄城市来概括特殊区域产生过程的空间模式，意为建立在区域综合发展基础上的城市化，其实质是城乡之间的统筹协调和一体化发展，我国普遍用"城乡边缘区"概念指代超级区域。从夜间灯光地图来看，在超过200个国家的成千上万个城市中，大约有40个"超级区域"在驱动着全球经济。"超级区域"是知识资本主义的空间定义形式，因为只有凭借这些大的区域规模，才能参与国际竞争。

全面城市化与星球城市化的城乡一体观。亨利·列斐伏尔（Lefebvre，2003）提出，在人类的发展经历了农业社会与工业社会之后，城市将超越传统的城市/乡村的二分，而成为一个全球化的社会形态，一个没有外部的城市。广义集聚的历史地理将顺从"内爆—外爆"的逻辑，导向城市集聚、农村人口迁移、城市肌理延伸、农村完全由城市主导。当到达临界点时，完全城市化将成为现实。其预言性提出，全面城市化和星球城市化的理论与远景。尼尔·博任纳（Brenner，2004）将城市作为一种根植于动态演变过程中的社会空间联系，是在更大范围、多尺度关系框架下的社会空间关系结构的结晶。城市可以用来阐明现代社会空间景观的创造性毁灭进程，这一进程并不局限于城市、大都市和其他传统上被视为受城市生活影响的地区，它适用于全球空间。

（二）理论框架

首先，城乡从融合到分割再到融合是一个自然历史过程。从传统农业社会向现代城市社会转型的城镇化过程，也是从传统一元乡村社会到二元城乡社会，再到现代一元城市社会的过程。具体表现为：城乡收入从不均到均衡，城乡产业从排斥到融合，城乡基础设施从分割到一体，城乡公共服务从差异到均等。城乡一体化也是分阶段、分区域有序推进的。在城镇化的中前期推动各项一体化，在城镇化的中后期推动基本一体化，在城镇化的后期实现城乡全面一体。

其次，聚散规律决定城乡空间将从单向聚集转向双向聚散。人类的经济社会活动是在一定的空间发生的，收益最大化追求、规模报酬递增、距离衰减法则以及交互成本所形成的聚集力和扩散力，决定着经济社会活动的空间分布及其演化。聚集的规模报酬递增决定更大收益的创造和分享即正外部性，但过度聚集带来聚集中心的负外部性；扩散能够支持中心地区升级，消除中心地区的负外部性，带动边缘区域的发展，实现共同繁荣。在不同发展阶段，聚集力和扩散力决定着空间的演化地位和作用发挥。历史及经验观察：在城市化率50%以前，经济社会活动从分散走向聚集，当城市化率超过50%后，经济社会活动聚集与扩散同时发生，具体表现为高端聚集和低端扩散、大尺度聚集和小尺度扩散、成长地区聚集和成熟地区扩散等。

再次，聚散之力变化决定城乡从分割走向融合。聚散之力变化所导致的从分散聚集到集中聚集再到聚中有散，决定不同空间尺度的空间状态和关系的变化。全球尺度的聚散重塑全球经济版图，决定新兴工业化国家的崛起。国家尺度的聚散重塑国家经济版图，决定中心区域扩大和边缘区域的崛起。区域尺度的聚散决定区域经济收敛。城市之间的聚散再造城市体系，决定都市圈城市群的崛起。城乡之间聚散即城乡要素双向流动、空间交错相融、产业功能互补、环境和谐共生、利益协调共享、基础设施一体化、公共服务均等化，决定城乡两个差别性地域空间演化为融合一体的地域共同体。

最后，聚散规律决定中国进入城乡融合发展阶段。2020年，中国城镇化已经达到63.8%，空间经济活动已经迈入"聚中有散"的双向流动阶段。中国是江山千万里的巨型国家，聚散规律正在广阔的区域跨越山河阻隔发挥决定性作用，也决定着中国城乡融合成为必然的趋势。但是全球一体化、巨型国家和制度特殊性决定中国城乡关系演化的中国特色。开放的经济体系通过外部力量，使非农脱离农业、城市脱离农村、人口半市半农，导致工业与农业绝缘、城市与乡村对立、农民工后遗症。人口众多、疆域辽阔、区际差异大，导致资源要素从全国农村向少数城市流动和聚集，加剧全国城乡间的分化。行政配置资源的制度和重城市轻农村的政策，导致城乡的基础设施和公共服务严重不均，城乡之间持续分化。

二 驻马店推进城乡融合的现状与经验

驻马店市位于河南省中南部，因历史上南来北往的信使、官宦在此驻驿歇马而得名，素有"豫州之腹地、天下之最中"的美称。2000年6月8日，经国务院批准撤地设市，下辖驿城区、确山县、泌阳县、遂平县、西平县、上蔡县、汝南县、平舆县、正阳县和新蔡县，共1区9县。

河南驻马店作为典型传统农业地区，既是经典城市分析的最佳样本，也是我国占很大比例的类似区域的代表。传统农业地区大多在我国农业发展中具有重要地位，这些地区普遍具有农村人口多、一产就业多、农业占经济产出比重大等特征，具体包括江西、湖南、湖北、河南、安徽等。第七次全国人口普查数据显示，2020年全国、河南省、驻马店市的城镇化率分别为63.89%、55.43%、44.14%。根据全国、河南省以及驻马店市国民经济和社会发展统计公报，全国、河南省、驻马店市第一产业增加值占GDP比重分别为7.7%、9.7%、19.2%。全国、河南省、驻马店市的人均生产总值分别为72000元、55435元、40797元。

（一）成就与现实

1. 聚集仍然是空间发展的主导力量

城镇化从前期迈入了中前期。根据河南省统计局数据，2000年驻马店城镇化率为12.11%，2010年城镇化率达到29.46%，2010年后进入加速期，2010~2020年年均提高1.47个百分点，高于同期全国0.047个百分点。2020年全市城镇化率为44.14%，而中心城区驿城区2020年末常住人口为102.53万人，城镇化率为73.55%。这表明驻马店仍然处在聚集力量主导阶段。

2. 城乡人均收入差距越过拐点

根据河南省统计局数据，2000年驻马店城乡居民收入比为1.75∶1，2010年城乡居民收入比达到2.82∶1，2012年缩小到 2.67∶1。2020 年城镇居民人均可支配收入为 30835 元，增长 1.1%，农村居民人均可支配收入为 13867 元，增长 6.5%，城乡居民收入比缩小到 2.22∶1。驻马店市委荣获"全国脱贫攻坚先进集体"荣誉称号，驻马店是全国获此殊荣的 15 个地级市之一。7 个贫困县全部摘帽，928 个贫困村全部出列，现行标准下 84 万农村贫困人口全部脱贫。

3. 城乡经济良性互动和快速发展

"十三五"期间，驻马店主要经济指标增速保持在全省第一方阵，地区生产总值年均增长 7.3%。根据 2012 年和 2020 年《驻马店市国民经济和社会发展统计公报》，2012 年，驻马店第一产业在经济中占比达到全国平均的两倍多，第一产业从业人员占比更是高达 50%，具备明显的"大农村、小城镇"的特征。但是到 2020 年，驻马店全市三次产业结构为 19.16∶38.49∶42.35，地区生产总值为 2859.27 亿元，人均生产总值为 40797 元，尤其是农业高质量发展迈上新台阶，粮食总产创历史最高纪录。全市农产品加工业企业达到 1710 家，农产品加工业成为第一大主导产业。创建国家级现代农业产业园 2 个、省级现代农业产业园 7 个，培育省级农业产业化集群 21 个、省级农业产业化联合体 21 个。以农为基的非农产业即农产品加工业发展崛起与转型升级促进了城乡经济良性互动和快速发展。

4. 城乡空间环境逐步改善

首先，城市承载力和城乡服务功能不断强化。2019年，驻马店市驿城区建成区面积达100.1平方公里，其他9县合计219平方公里。72个建制镇建成区面积超过150平方公里；中心城区绿地面积达到33.74平方公里，新增公园绿地面积达2.23平方公里。其次，农村人居环境发生新变化。2020年，农村生活垃圾收运处理体系全面建立，生活污水处理设施不断完善，黑臭水体得到有效治理，卫生厕所普及率达85.4%，农作物秸秆综合利用率达到95%，畜禽粪污资源化利用率达到96.4%，累计建成省级"千万工程"示范村145个，"四美乡村"示范乡镇33个、示范村914个，广大群众的获得感和幸福感不断增强。

5. 城乡基础设施趋向一体化

城乡基础设施快速完善。2017年以来，驻马店新建27条道路，启动实施了12条城市道路连通工程，42条主次干道维修和944条背街小巷整治，中心城区实施百城建设提质项目逾900个。全市通硬化路的行政村和自然村比例分别达到了100%、98%，农村集中供水率达到了92%。农村公共文化服务中心实现了行政村全覆盖，教育、医疗条件明显改善。

（二）经验与做法

按照一般发展规律，只有城市化率超过50%以后，经济活动才从聚集转向聚中有散。但是，驻马店在2012年城镇化率刚刚超过30%，就越过城乡收入差距的拐点，开始出现差距收敛，仅比全国越过城乡收入差距拐点的2009年延后了3年。除了受全国经济规律以及中央政策影响外，还得益于其自身经验和做法。

1. 以全国工业化带动城乡融合

充分利用全国改革开放尤其是东部对外开放的机遇，大力培训和尽力输出当地农村剩余劳动力，到东部地区和全国其他城市谋生就业，不仅带动东部和全国其他城市的经济发展和城市建设，而且通过农民工工资收入的回流改善农村住房以及基础设施、提升农民家庭收入和购买能力。通过干中学提升农民工的人力资本，进而通过回乡创业带动驻马店农业产业化发展，从而促进城乡发展以及城乡差距的缩小。

2. 以先行城市化带动城乡融合

在政府主导下，通过土地出让和土地融资，进行大规模的新城新区建设、旧城改造、基础设施开发建设，企业则通过房地产开发，带动房地产行业及其关联产业飞速发展，以此来彻底改变城市的面貌，使得驻马店拥有良好的基础设施和公共服务。通过改善生活环境、商业环境，吸引人口、吸引外资、聚集创业，以良好的基础设施环境承接产业转移，最终实现以城镇化带动产业发展，带动城市崛起和繁荣，使驻马店实现跨越式发展。

3. 以县域经济为突破口推动城乡融合

县域是乡村的主体也是城市化的重点，促进县域经济发展既带动了乡村发展也促进了城镇化加速，因而推动了城乡融合发展。首先，做大县域产业。支持遂平县打造全国领先世界知名的食品名县，泌阳县打造中国牛城、中国菌都，正阳县打造中国花生之都；支持驿城区打造中国高端专用车之都，西平县打造全国最大的畜牧机械装备制造基地，汝南县打造全国重要的新能源电动车研发、制造和应用示范基地，新蔡县打造中原有影响力的特种机械研发制造基地；支持确山县打造中国提琴之乡，平舆县打造中国皮革产业、建筑防水产业和户外休闲用品产业基地，上蔡县打造中原鞋都。其次，加快以县城为重要载体的新型城镇化建设。深入实施百城建设提质工程，通过"硬件与软件相统一、新区与老区相统一、地上与地下相统一、宜业与宜居相统一""以水润城、以绿荫城、以文化城、以业兴城"，实现"以改靓城"，通过规划提标、建设提质、管理提优、产业提升，进一步塑造城市特色、完善城市功能、创新管理服务、集聚产业要素，统筹城市规划、建设、管理，提升县城综合承载能力和服务能力。

4. 以脱贫攻坚倒逼城乡融合

把脱贫攻坚作为头等大事和第一民生工程，以脱贫攻坚统揽经济社会发展全局，认真贯彻落实中央、省脱贫攻坚有关会议精神，层层传导压力，逐级压实责任，确保上级决策部署在驻马店落地生根。全面推进脱贫攻坚各项政策措施落实，切实解决贫困群众"两不愁三保障"相关突出问题，确保建档立卡贫困人口实现高质量脱贫，坚持把产业扶贫和就业扶贫作为稳定脱贫的治本之策，因地制宜发展扶贫产业，完善产业带贫模式，促进产业发展带动就业，实现贫困群众持续稳定增收。扎实开展农村人居环境整治三年行动，大力实施交通扶贫、安全饮水、电网升级改造和高标准农田建设"四大工程"，加快建设美丽乡村，以环境攻坚推动脱贫攻坚。脱贫攻坚取得全面胜利，使得乡村得到发展，促进了城乡差距缩小和城乡融合。

5. 以城乡一体化示范区示范城乡融合

在市中心城区西侧建立的驻马店市城乡一体化示范区，是城乡一体化示范的理想试验田。以"心灵驿站、田园新城"为发展总目标，对城乡产业、空间、要素、基础设施、公共服务、制度政策等方面的融合一体进行创新探索,并为全省城乡融合发展作出示范。在产业方面,示范区以一产为基础、二产为链接、三产为引导,秉承"三产联动复合"理念,植入"+0.5"的产业提升理念,形成引领1.5、提升2.5、引导3.5的产业发展思路。重点形成"现代服务业集聚区、绿色生态宜居区、都市农业示范区、休闲旅游养生区"四大示范功能区。在空间方面,示范区坐拥"城、山、水、田"四大优质禀赋,为建设山水田园城市提供保障。

三 驻马店推进城乡融合面临的问题与挑战

(一)城乡分割和城乡差距欠账比较多

虽然驻马店在城乡融合方面取得了较好的成绩,从收入上看,城乡收入差距越过了最大化的拐点,但是基础设施、公共服务等方面,农村几乎从零起步,无论是水电煤气、道路、通信等基础设施,还是文化、体育、教育、医疗、养老、社保等公共服务,抑或法律规定和赋予的公民基本权利,综合水平在城乡之间还存在差别,城乡差距巨大。驻马店是传统农业区,农村人口基数大、空间范围广,一个百分点的提升,需要的投入都是巨大的。与此同时,土地撂荒、住房空置、"空心村"、"留守村"、"候鸟村"等现象比较严重。而由于驻马店总体上处在城市化的集中聚集阶段，重点发展一些区位仍然是战略重点。因此，依靠自身短期内实现城乡融合的巨大突破，任务十分艰巨。

（二）城市建设过度超前不仅削弱潜力也积聚风险

驻马店过去几年探索了适度城镇化引领城乡发展的道路。城镇化和城市发展方面取得了突出的进步，城市规模、功能作用、基础设施建设和社会事业发展为支撑区域和乡村发展创造了空间、载体和条件。但是，一方面，以土地融资为手段的大规模基础设施建设，不仅在一定程度上挤占了城乡产业发展的资源和空间，削弱了产业发展的潜力，而且其所形成的高杠杆、高负债带来了高风险。另一方面，土地城市化还带来高房价、高地价，不仅影响人口城镇化和城乡融合，也抑制了实体产业的发展。目前，一些北方城市已经出现了类似的问题。

（三）后发劣势削弱城乡融合发展的动能

后发地区经济发展既有后发优势也存在后发劣势。首先，高端要素在竞争中严重外流。目前，全国已经进入高质量发展阶段，创新要素尤其是人才成为区域和城市竞争的焦点，中心城市、大都市圈和城市群不仅有优势,而且纷纷采取措施吸纳高端人才,高技能和青年人才外流比较严重。这严重制约了驻马店非农产业的发展和升级,从而削弱了城镇化的产业和经济支撑能力。其次,生态环境标准放大后发劣势。目前,全国已经进入高质量发展阶段,确保人民健康和安全是经济发展的重要前提,因此生态环境方面将执行更高、更加刚性的标准。但是,作为后发地区仍处在工业化和城镇化中前期的驻马店的产业比较优势仍然是劳动和资金密集型的轻纺和重化产业,这些产业多具有高污染高排放的特征。要么拒绝引进和发展,要么进行大规模成本投入使之符合环保标准,这是非常艰难的选择,也在一定程度上影响发展速度。

(四)农村人口负担重、能力弱影响城乡融合发展

首先,农村留守人口能力弱、负担重。一方面,文化水平和从业技能偏低,市场经济意识较为淡薄,转移就业、创业能力均比较弱。根据2020年人口普查数据:在农村留守的劳动力中,初中及以下文化程度的比重高达86.81%。另一方面,农村留守的老人、妇女和孩子需要更多的公共服务支出。其次,返乡人口年龄大且社会保障压力大。占全市人口20%的外出民工,由于产业转移和年龄老化将陆续返乡进城居住,其养老和社保将主要

由当地解决，这会给当地政府增加很大的财政负担。与此同时，当地人口大规模城镇化所需公共服务等支出也给地方财政带来巨大压力。

（五）大量的潜在返贫致贫人口威胁城乡融合及其发展

尽管驻马店在脱贫攻坚上走在全国的前列，但由于基础差、底子薄、历史欠账多，距离贫困水平较近，刚刚脱贫的县乡村人口多、面积大，多达7个县928个村84万人口。因此，脱贫不稳定户、边缘易致贫户、突发严重困难户比较多。因大灾大难、失业、大病或重症慢性病而返贫致贫的概率比较大。另外，驻马店推进城乡融合也遇到一些与全国一样的比较棘手的两难问题。

四 发展趋势与对策建议

驻马店的城乡关系应在2025年实现基本领域的基本融合、均衡和一体。在产业融合方面，2025年农产品加工转化率超过50%，耕地规模经营面积超过50%。在生产要素方面，2025年城乡土地、资金和人才等要素基本实现自由流动和等价交换。在基础设施方面，2025年道路、供水、电力、通信等实现村村通和全覆盖。在生态环境方面，在城乡的污水和生活垃圾100%集中处理基础上，实现城乡处理率均达到100%。在公共服务方面，2025年县域城乡义务教育基本均衡比例接近100%，城乡教育质量、办学水平差距显著缩小。居民基本养老保险城乡全覆盖和基本均等。为实现城乡融合与高质量发展，需要进一步完善相关领域的配套制度和政策体系。

（一）构建以都市圈为主体的城、镇、乡空间体系

构建以市中心城区为龙头、市域副中心城市和县城为骨干、重点乡镇为依托的放射状、网络化的都市圈空间格局。一是以驻马店都市圈整体嵌入中原城市群。二是推动驻马店中心城市组团一体化发展。实现产业互补、交通一体、服务共享、生态共建，形成组团式、生态型、现代化的城市空间格局，形成以大带小、以小补大、相互促进的城市集群优势。三是强化中心城区的核心功能和中心地位。推动中心城市现代制造业发展和商贸物流功能建设，提高人口承载和产业集聚能力。四是以增强产业和人口集聚能力为重点加快发展县级城市。全面提高县城规划建设标准，提升城市现代化水平，提高县城吸引农村劳动力转移和带动农村发展的能力。做大做强特色主导产业，建成服务城乡、带动区域、宜居宜业的现代化中等城市。五是以中心镇为重点有序推进小城镇建设。针对融城型、卫星型、区域中心型、交通枢纽

型、工矿型、旅游型等不同类型的小城镇，按照完善功能、提高质量、体现特色的要求，选择30个左右的中心镇因地制宜、分类指导，完善基础设施和公共服务设施，提升服务功能，使之成为集聚产业和人口、服务"三农"、实现乡村振兴的重要载体。同时，鼓励返乡人才从事现代农业生产，并加快推进新型农村社区建设，引导新型农村社区公共服务设施建设，促进农村人口集聚。六是科学规划和建设村庄。坚持"多规合一"，尊重农民意愿，突出乡村特色，科学统筹城镇、村庄规划编制工作，有条件的地方全域、全要素编制村庄规划。七是加强农村宅基地和村民自建住房管理，加大违规乱建整治力度，推动村庄规范有序发展。

（二）构建以住房为核心的城、镇、乡宜居环境体系

首先，按照都市圈的思路规划、布局、调控和监管各类城乡住房一体化的市场。都市圈是地方化住房市场的基本单元。都市圈是一小时通勤圈，是劳动力市场圈，是生活圈，也是同一住房市场圈。其次，继续稳步推进住房开发满足居民住有宜居的消费需求。再次，以"住"为抓手，以都市圈为主体，将住房与建设用地指标、公共产品供给绑定在一起，进行机制化的解决。将住房开发所产生的土地、产业等红利，用于转移人口的基础设施

和公共服务供给，构建服务优质和环境优美的宜居环境体系。最后，深化文明村镇创建，建设美丽和谐乡村。接续实施农村人居环境整治提升行动，以"四美乡村"示范创建为抓手，统筹推动农村改厕、生活污水和黑臭水体治理。

（三）构建以教育为核心的城、镇、乡公共服务体系

根据城乡均等化全覆盖的原则，按照都市圈的空间思路，通盘考虑城乡教育、卫生、文化、养老服务等项目建设，推动城乡基本公共服务均等化水平进一步提高。首先，调整教育、医疗、文化等公共服务的空间布局。无论是基础教育、高等教育、成人教育等相关机构，还是医院、体育场馆、文化站点等，都要以都市圈的空间思路加以统筹布局。其次，着力提升基础教育和公共卫生的质量，让更多的城乡居民获得优质的服务保障。最后，深入实施全民技能振兴工程，建立覆盖城乡的培训机制，强化新生代农民工等重点群体技能培训，提升技能素质和就业能力。

（四）构建以交通为骨干的城、镇、乡基础设施体系

推动城乡基础设施一体化、均等化水平进一步提高。首先，

构建以驻马店区域性中心城市为中心、纵贯郑州和武汉两大都市、横连淮河经济带主要城市、对接周边省辖市、辐射市域县城的包含航空、铁路、高速公路等的城市交通圈。其次，加快都市圈内的城市组团与中心城区的道路、桥梁、隧道、地铁、轻轨高架、公共交通、出租汽车、停车场等形成半小时交通圈和市域一小时交通圈。再次，构建能源供给系统、给排水系统、通信系统、环境卫生系统以及城市防灾系统等工程性基础设施，以及城市行政管理、文化教育、医疗卫生、基础性商业服务、教育科研等社会性基础设施。最后，把公共基础设施建设的重点放在农村，加快农村水、电、路、气、物流、通信等设施提档升级，加快数字乡村建设，乡镇、农村热点区域实现5G网络全覆盖，每个县区打造3个5G智慧农业应用示范点、1个"智慧农村"示范村，让数字真正赋能乡村全面振兴。

（五）构建以农产品加工产业为支柱的城、镇、乡特色产业体系

首先，以都市圈为空间框架，构建以中心城区和县城为主要载体的产业园区空间体系。中心城区重点提升生产性服务和生活性服务水平，吸引资本与技术力量雄厚的高端人才集聚。重点镇、乡有针对性地打造低成本创业园区。其次，以产业集群为主线，构建中心城区与县镇的产业集聚区之间的产业合作网络。以全产业链思维和大农业观、大食物观，构建完善产业链条，形成高效产业合作机制及具有比较优势的特色制造业和服务业集群体系。再次，加快推进农业现代化。坚持国际化视野和标准、系统化思维、工业化理念，高标准规划推进"国际农都"建设，同时大力建设现代农业产业园，大力培育农业产业强镇、特色产业集群，积极推动乡村旅游业高质量发展，推动农业与互联网、旅游、生态深度融合，促进三次产业融合发展。最后，创造具有竞争力的城市软硬营商环境。开展全市各级辖区营商环境的评估和竞赛，监督和激励各级政府优化营商环境，提升城市软硬环境的竞争力，增强城市对相关企业和产业的吸引力。

（六）构建支撑城乡融合发展的体制与机制

首先，深化户籍制度改革。全面落实居住证制度，加快非户籍人口落户城镇。全面放开大中专院校毕业生、职业院校毕业生、技能人才、农村升学学生、参军进入城镇人口和留学归国人员等六类人才落户城镇的条件，实行凭毕业证、职业技能证书、身份证、户口簿等证件办理城镇落户，进一步放宽进城落户渠道。其次，深化城乡土地制度改革。完善土地承包经营权、农村宅基地和农村集体资源性资产确权登记颁证后续工作，加快推进房地一体的农村集体建设用地和宅基地确权登记颁证。加快完善农村承包地"三权分置"制度,探索宅基地所有权、资格权、使用权"三权分置",落实宅基地集体所有权,保障宅基地农户资格权和农民房屋财产权,适度放活宅基地和农民房屋使用权。再次,探索多元化城镇化和乡村振兴融资渠道。提高发展基金投资运作水平,充分发挥地方政府债券对全市经济社会发展的促进作用,探索发行市政项目企业债。积极争取中央预算内投资支持城乡基础设施和公共服务建设。又次,深化"人地钱"挂钩配套政策。深化"人钱挂钩、钱随人走",积极争取中央、省农业转移人口市民化奖励资金,落实城镇建设用地增加规模与吸纳农业转移人口落户数量挂钩政策,为发展潜力大、吸纳人口多的县、区制定完善配套措施,落实"人地""人钱"挂钩政策。最后,积极探索城市人口、要素和产业下乡的制度安排,促进城乡要素的双向流动和城乡产业深度融合。

第四章

城乡融合共同富裕的许昌模式探索

　　城乡融合发展被认为是实现共同富裕的核心要素，同时也是实现这一目标的关键措施。党的二十大报告特别强调了城乡融合与区域协调发展的重要性，并提出"着力推进城乡融合和区域协调发展，推动经济实现质的有效提升和量的合理增长"。自2019年被指定为河南省唯一的国家城乡融合发展试验区后，许昌市便开始试点改革，进入新发展阶段以来，试验区已取得了初步成效，为进一步推动在许昌市建设城乡融合共同富裕先行试验区奠定了坚实基础。

一 发展基础与现状

许昌国家城乡融合发展试验区（以下简称试验区）位于河南省中部，紧邻省会郑州，涵盖建安区、魏都区、鄢陵县、襄城县、长葛市、禹州市共6个辖区，辖区占地面积达4979平方公里，总人口为500万人。自党的十八大以来，许昌市积极贯彻落实省委和省政府的各项部署，坚持通过改革解决发展问题，综合经济实力显著增强，已具备推进城乡融合发展的良好基础。近年来，许昌市全面贯彻中央城镇化工作会议精神，将人的城镇化作为核心，将提升城镇化质量作为关键，积极探索新型城镇化的道路，城镇化水平及城乡融合发展质量稳步提高。

一是农业转移人口市民化成效显著。许昌市出台了《许昌市人民政府关于深化户籍制度改革的实施意见》和《许昌市推动非户籍人口在城市落户实施方案》等文件，全面落实进城落户"零门槛"、居住证制度等政策。建立与居住证挂钩的基本公共服务提供机制，推进医保、养老保险无缝衔接，将农业转移人口纳入城镇住房保障体系，保障农业转移人口子女平等享有受教育权利。"十三五"期间共转移农业人口61.9万人，发放居住证8.6万张。

二是城镇化空间格局持续优化。将"郑许一体化"提升为省级战略，郑合、郑万高铁均已建成通车，许港产业带建设加速推进，郑许市域铁路全面建成通车，日均客运量近3万人。许昌已从曾经的郑州都市圈"南大门"变为"核心区"，城市地位实现了显著提升，郑汴许成为引领并带动都市圈发展的核心引擎。随着改许昌县为建安区，许昌市中心城区常住人口突破100万人，建成区面积达到129平方公里，城市规模扩大，跃升为大城市，显著提高了城市对周边地区的辐射和带动能力。常住人口城镇化率达到53.55%，城乡结构发生历史性变化。鄢陵县成功进入国家120个县城新型城镇化建设示范名单。作为河南省首批践行县域治理"三个起来"的县（市），长葛市率先带头。同时，禹州市位列"全国县域经济与县域基本竞争力百强县（市）"第68名，在河南省中仅次于郑州市下辖的新郑市。

三是城市功能品质进一步提升。百城建设提质工程进一步推进，全面改善供热、供电、供水、排水和照明等市政基础设施。生态文明建设扎实推进，打造全长110公里的中心城区河湖水系以及配套设施，使城市建成区的绿地率达到36.65%，并且绿化覆盖率提高到41.6%。获得"国家水生态文明城市"和"国家生态园林城市"的荣誉，形成独具特色的建筑垃圾资源化利用、管理的"许昌模式"，并入选全国"无废城市"建设试点。国家"城市矿产"示范基地首批通过国家验收。长葛市产业集聚区、经济技术开发区获评"国家绿色园区"称号。许昌逐步营造天蓝地绿水净的城市环境，宜居度在省内居首位，以"前五届"全部地级市中河南第一的成绩蝉联全国文明城市。"15分钟民生服务圈"基本建成，成功入选全国首批城企联动普惠养老试点城市，创建了国家公共文化服务体系示范区。

四是城乡融合进程不断加速。国家城乡融合发展试验区的全域纳入工作已经完成，初步在全市形成了"1+6+N"的政策体系，农村集体经营性建设用地入市改革试点积极稳慎推进。深入推进土地要素市场化配置试点，构建城乡统一的土地要素市场。扎实推进"果树进村"工作，2020~2022年，全市共建成"果树进村"示范村146个。2020年，国家城乡融合发展试验区现场会在许昌市召开，成功完成国家发展和改革委员会组织的阶段性评估。推动许长同城发展，与长葛市共建现代种业研发平台，在"全国农村承包土地经营权抵押贷款试点"改革中取得了显著成就，总结其经验和做法并在全国范围内推广。乡村振兴战略深入实施，2020年全市农村居民人均可支配收入达到19708.1元，比2015年增长47.6%，城乡居民收入比降至1.77，优于全省甚至全国水平。

尽管取得了一系列成绩，但仍然需要重视目前存在的一些突出问题：一是城市中心城区的首位度较低，辐射带动能力、资源配置能力和综合承载能力需要进一步提升，功能品质也需要改善；二是产城融合方面还有待提升，城镇空间体系需要完善和优化；三是人口城市化进展缓慢，对外来人口和人才的吸引力不够强，存在年轻人口流失问题，同时老龄化问题加重，城市缺乏活力；四是城市治理体系亟待完善，运行管理效率仍需提升，风险隐患不容忽视，安全健康、绿色发展等领域存在薄弱环节；五是城市目前构建的治理体系仍需进一步完善，治理体系中仍然存在风险隐患需要进一步发掘和解决，管理运行的效率还有提升的空间，治理体系在绿色可持续发展与安全健康发展方面需进一步完善；六是向城市所有常住人口提供基本公共服务能力需要进一步提高；七是制约城市高质量发展的资金、土地、生态等资源要素问题亟待破解，适应新发展阶段的新型城乡一体化可持续高质量发展体制机制有待进一步创新。

二 主要试验任务

在《中共中央 国务院关于建立健全城乡融合发展体制机制和政策体系的意见》的指导下，河南省人民政府办公厅印发了《国家城乡融合发展试验区（河南许昌）实施方案》，以深入贯彻落实国家发展改革委等18部门发布的《关于开展国家城乡融合发展试验区工作的通知》（发改规划〔2019〕1947号）。该方案旨在高标准推动许昌国家城乡融合发展试验区建设，具体试验任务包括以下几个关键方面。

（一）建立农村集体经营性建设用地入市制度

对于农村集体经营性建设用地的入市制度，方案主要提出了以下几项改革措施。对集体经营性建设用地入市范围、主体、途径、收益分配方式等进行探索。建立城乡一体化建设用地市场，完善集体经营性建设用地使用权转让、抵押二级市场，以确保入市集体建设用地与国有土地在权利和价格方面的等同性。具体措施有以下几个。

1. 建立入市基本制度

许昌市将依据国土空间规划，明确农村集体经营性建设用地的入市范围。入市的农村集体经营性建设用地来源主要包括废弃的公益性建设用地、废弃厂矿和法律允许的进城落户农民自愿退出的闲置宅基地，促进农村闲置及低效建设用地的高效利用。设立土地储备机构，与省级投资平台公司协调合作，共同支持土地开发与收储。同时提供资金支持，进一步完善市辖区集体经营性建设用地委托收储制度。基于第三次全国国土调查的结果，建立集体土地所有权数据库及管理系统，加速编制乡镇和村庄集体经营性建设用地规划，建立集体经营性建设用地储备库，对用地的综合动态管理进行探索。

2. 规范入市途径和流程

对于依法登记的符合市政规划的集体经营性建设用地，土地所有权人有权将所有权出租或出让给他人在约定时间内使用，并且就使用权的出租或出让获取经济补偿。此外，允许这些土地的使用权在使用期内进行转让、互换、赠与或抵押。对于集体经营性建设用地使用权出让年限的设定，参照同类用途国有建设用地政策，以保护所有权人的权益。对于零星分散的用地，可通过土地增减挂钩调整入市，支持条件合适的集体经营性建设用地直接入市。原则上，土地使用权的交易采用"招、拍、挂"等公开方式确定使用权所有人，保证过程的公开、透明。

3. 健全入市交易机制

充分参照国有建设用地交易市场相关规定，探索制定农村集体经营性建设用地交易管理办法，形成城乡统一的建设用地市场交易规则体系。积极培育农村集体经营性建设用地市场交易中介机构，充分活跃集体经营性建设用地市场。进一步建设覆盖全试验区的集体经营性建设用地二级市场交易平台。此外，定期备案发布集体经营性建设用地基准价。

4. 建立土地增值收益和分配使用机制

对土地增值收益的分配办法进行规定，合理确定个体、集体、政府三者间的收益分配比例。县级政府在考虑所有土地增值因素后，对农村集体经济组织及其成员将其集体经营性建设用地使用权入市转让所得收益征收土地增值收益调节金。对集体经营性建设用地使用权入市所得全部收益实施公示，公开收益信息确保集体和个人分享到土地增值收益。进一步加强对土地使用权流转、交易的监测监管，防止土地使用权所有人擅自改变土地规划用途。探索土地增值收益更多用于乡村振兴的实现形式，收益调节金将主要用于农村基础设施建设，进一步助力城乡融合发展，同时有效防范和化解集体经营性建设用地入市的潜在风险。

（二）完善农村资产抵押担保产权权能

围绕创新农村产权抵押融资模式，加快构建全面而高效的农村产权融资制度体系，积极改善农村信用环境。打造能够确保产权明晰、价值合理、流转顺畅、融资流程高效的农村产权融资制度体系。主要措施有以下几个。

1. 推进农村资产确权和颁证

根据各地实际情况制定产权界定规则，清晰界定各类产权归属，进一步完善农村产权确权登记管理体系。制定登记与颁证工作的规范化流程，提高登记与颁证工作效率和透明度，并助力其他不动产的产权颁证流程加速。

2. 健全农村资产价值评估体系

进一步加强农村资产评估机构的行业管理，完善农村资产价值评估体系，研究制定农民房屋价值评估管理办法，并根据实际情况动态调整农民房屋价值评估方法，以确保评估方法适应市场实际变化情况。对于市场价值明确的抵押物，出于平衡借款主体、担保机构与金融机构三方经济利益考量，抵押物价值由三方协商确定，当协商无法达成一致时，为确保抵押物价值评估的公正性和准确性，交由相关方委托第三方评估机构进行详细估值后决定。同时，鼓励拥有资质的社会化评估机构进驻并提供评估服务，有效活跃评估市场，促进评估服务的多元化和专业化，从而提高服务质量，降低评估成本。

3. 建设农村资产产权流转市场体系

依托公共资源交易平台，利用各县（市、区）的公共资源交易中心，设置农村产权交易功能模块，建立市级农村产权交易中心，加快形成统一的农村资产产权交易大市场，促进农村资产的价值实现和资本的合理配置。同时，为保障市场健康可持续发展，加速推进制定农村资产产权流转及再流转的登记管理办法，制定贷款管理办法，创新涉农金融产品，并建立农村资产产权抵押担保评估信息系统，完善风险监控补偿机制，加强抵押信息的管理。

4. 建立不良资产处置机制

确保涉农不良资产的专业化处理，支持各县（市、区）设立涉农资产经营机构，赋予机构农业生产经营的职能。为降低抵押物价值损失并提高处置效率，避免资产闲置，保持或提升其市场价值，让机构处置金融机构贷款或担保机构代偿的逾期抵押物。完善与不良资产处置相关的法律法规，为处置过程提供法律依据，降低法律风险。逐步建立政府引导和市场运作相结合的不良资产处置机制，高效处理农业领域的不良资产，进一步促进农业的可持续发展和农村经济的健康运行。

5. 提高金融服务水平

充分发挥农村产权抵押融资的潜力，将农村产权抵押融资纳入重点支持信贷发展类别，增强农村地区的金融服务能力。探索创新监管策略，建立灵活监管制度，将涉农金融机构在农村产权抵押融资领域的业务量与业务质量作为重要考量因素，与其市场准入条件及监管容忍度直接相关联。结合实际情况制作涉农机构抵押融资评分表，根据金融机构在农村产权抵押融资领域的表现，调整其业务范围和监管要求，以激励其提供更高标准的服务。从多维度对其开展风险评估与监管，降低其操作风险。激励具有资质的金融机构参与农村产权抵押融资业务，对积极从事农村产权抵押融资业务的金融机构提供财政补贴，鼓励扩大金融机构在农村服务范围。探索新型涉农保险产品，进一步扩大允许进行保单质押融资的保险标的范围，将优势农产品纳入准许范围，分散农业生产过程中的风险，增强涉农金融的可获得性。

（三）建立科技成果入乡转化机制

进一步完善科技成果入乡转化政策，打造科技成果入乡转化示范基地，鼓励科技型企业积极参与，探索科技成果入乡转化的新方法、新机制和新途径，全方位加大科技成果入乡转化激励力度。主要措施有以下几个。

1. 完善农业科技创新机制

针对本地优势农业产业，加大研发投入力度，推动高产、高效、抗病等性能优异的新品种开发。加快新技术和新品种的开发和推广，建立筛选机制，为优质科技成果入乡转化提供支持，选择具有战略意义的关键涉农科技项目，进行重点支持。支持高校与科研院所等科研主体合作建立综合性农业科技研发平台，培育和发展高新技术农业企业及科技型中小企业，加强种子创新、耕地保护、农业生物安全治理、绿色低碳技术等相关农业关键核心技术的攻关，优化农业生产管理，提高农业生产自动化和智能化水平，推动5G、物联网、云计算等高新技术与农业生产深度融合，实现高新技术在农业领域的应用落地，致力于建设一系列农业产业强镇。

2. 完善农业科技成果推广机制

进一步改造提升许昌科技大市场，将其升级为"一站式"科技服务平台，提升其提供技术交易、价值评估、信息交流等服务的能力，为科技成果的持有者和潜在应用者提供交流的场所。建设专业化、高水平的初创科技企业孵化器和众创空间，提供必要的资源、资金和咨询服务，鼓励科技型企业农业领域科技成果入乡转化，促进科技成果的快速成熟和市场化。建立包含县级农技推广中心、乡镇农技推广区域站和村科技示范主体的县-乡-村三级全覆盖的农技服务网络。促进专家下沉基层、服务有效落地、技术直达村民和指导准确到位。打造聚焦于关键领域和痛点的农业科技转化示范基地，通过建立科研单位-企业-农户的三方合作机制，促进科技成果培育与转化。

3. 构建科技人才下乡机制

强化人才队伍建设，落实"许昌英才计划"，实施引进和培育"双轨并行"战略，通过实施创新创业人才（团队）及高层次人才引进工程，结合许昌地方特色和产业需求，利用高等院校、职业技术学院和企业实训基地等多种途径，加大力度培养农业农村领域的科技人才，培育出一批具有高技能的能工巧匠和具有创新精神的创业带头人。积极推行科技特派员制度，紧密围绕许昌优势主导产业，着重解决具体技术问题，提升农业生产效率，加大科技特派员、科技服务团选派和服务力度。定期选派特派员、服务团开展科技入乡服务，实现科技服务覆盖全乡镇，为乡镇居民提供持续和有效的技术支持。

4. 建立科技成果入乡转化激励机制

加大科技成果入乡转化激励力度，探索激励科技成果向乡村转化的新机制，允许高校和科研院所在符合国家法律法规的前提下，自主决定科技成果的转化路径和合作模式，提高科技成果转化的灵活性和效率。探索科技成果产权处置新模式，通过更加灵活和更具激励性的措施来支持农业领域科技创新。将科技成果长期使用权、所有权和处置权授予相关科研人员。同时，鼓励企业采用多样化方式来吸引、激励人才，如股权或分红激励。支持科研人员通过在乡村地区兼职或承包技术项目的方式，提供专业服务并获得相应的报酬，加速科技成果在农村的转化与应用。此外，建立离岗人员保护机制，解决科研人员在参与科技成果转化过程中的后顾之忧，探索科研人员灵活用工政策，支持科研人员在企业挂职和兼职、在职创办企业或离岗创业。

（四）搭建城乡产业协同发展平台

为促进城乡产业协同发展，优化区域经济结构，推动城乡生产要素高效配置，在关键领域打造开发示范区并实施一系列城乡融合发展项目，对全区的城乡融合发展事业起到示范和引领作用。具体措施包括以下几个。

1. 推进开发区高质量发展

开发区作为经济建设的重要阵地和关键引擎，将推动农业、制造业、服务业全产业转型升级的提速和管理体制改革的深化。开发区整合全面完成，大力构建"8+1"开发区发展新格局，全市开发区由15个整合为9个。简政放权赋能，为企业提供更为高效、透明的营商环境，吸引更多外来投资，促进经济快速发展，有效推动开发区成为带动县域经济转型升级、实现高质量发展的关键力量，提升区域综合竞争力和持续发展能力，促进新型城镇化建设。推动开发区产业的规模化和高端化发展，重点发展现代化装备制造、新一代信息技术、智能低碳技术、环保新材料等具有发展潜力的核心产业，打造千亿级产业集群，增强开发区核心竞争力，为区域经济发展提供更为强劲的动力。以黄河鲲鹏生态基地建设为突破口，积极承接东部沿海地区电子元器件制造产业转移，提升产业链上下游的协同效应和技术创新能力，迅速构建现代化电子信息产业生态链，借鉴郑洛新国家自主创新示范区的经验，实施先行先试政策，加快大数据及相关高新技术产业的集聚和发展。

2. 构建特色产业园体系

创建现代农业产业园，进一步提升各类优势特色产业生产效率和产品质量。推动农产品加工业向园区集中，通过科技集成、主体集合和产业集群，形成加工、仓储、贸易、质检、研发"五位一体"的三次产业融合发展多功能农产品加工园区，提高产业园区的要素集聚能力，提升产业园区产品附加值和吸引力。

3. 打造一批产业强镇

通过吸引技术、资本和人才进入镇区，推进产业集聚、人口集中、要素集约利用，着力将禹州市神垕镇、长葛市大周镇打造成为产业强镇，力争至2025年镇区产值超1000亿元、人口超8万人。全面提升中心镇能级，加大长葛市后河镇、鄢陵县陈化店镇、襄城县库庄镇等镇公共服务设施和基础设施建设力度，提高其综合承载能力，吸引人口资本集聚。发挥重点镇枢纽带动作用，依托长葛市石固镇、襄城县紫云镇等区位优势，加强镇村联系，为周边农村地区提供就业、生活等相关服务，推动人口和要素向镇区有序集中。坚持扬长补短、区位优化，充分挖掘许昌市乡村地区深厚的历史文化底蕴和丰富的生态资源，发展各乡镇特色产业和品牌，建设"一乡一业""一村一品"示范村镇。立足许昌独有的三国文化、生态文化、钧瓷文化等优势文化资源，重点建设神垕古镇、曹魏古城等一批文化旅游精品区，大力推动文化旅游与文化创意深度融合发展，形成具有区域影响力的"行走许昌·读懂三国"和"千年等垕·为钧而来"文化旅游品牌。

4. 培育发展涉农市场主体

着力实施涉农企业培育计划，聚焦本地农业特色优势产业，重点扶持培育具有较强带动能力的农业龙头企业，促进许昌特色农业品牌高质量发展。发挥生态和医药资源优势，采取"内生+外引"双驱动方式，促进许昌医药健康产业的快速发展和升级。一方面，积极引进知名企业和具有较强带动性的健康产业项目，吸引外部资本和先进技术进入本地市场；另一方面，大力激发本地企业的创新创业活力，重点培育一批地方健康产业骨干企业，与外地企业实现错位发展、优势互补。

（五）建立城乡基本公共服务均等化发展体制机制

着眼于人民群众最关心、最直接、最现实的问题，全面加大工作力度，切实加快缩小城乡在基本公共服务方面的差距的步伐，确保各项公共服务资源在农村地区实现广泛覆盖，促进各项社会事业协调发展，逐步建立城乡统筹、普惠共享、覆盖全民的公共服务体系。具体措施有以下几个。

1. 健全公共教育资源合理配置机制

加大政策和财政支持力度，全面提升学前教育普及普惠水平。促进教育均等化，提高各学校间的资源共享水平和教学经验交流频率，深化集团化办学等改革，加快推进义务教育优质均衡发展与城乡一体化进程。加快推进高中教育优质化、特色化、多样化发展，实施高考综合改革保障专项行动。全面推行"县管校聘"制度，建立健全包括校长在内的教师常态化交流轮岗机制。健全职业教育体系，推进中等职业学校标准化建设工程，探索中高职有效衔接机制。提升乡村教师福利水平，包括职称评定、住房和奖励政策，完善薪金与名师级别挂钩的政策体系。健全高水平现代教师教育体系，提高教师培养培训质量，提升教师教书育人能力。大力推广"互联网+教育"模式，充分整合云课堂等在线学习平台资源，以推动优质教育资源城乡共享。健全继续教育质量保障机制，完善继续教育相关认证体系，提升继续教育在人力资源市场的认可度，进一步完善终身学习体系。

2. 健全城乡医疗卫生服务体系

提升公共卫生应急处置能力，升级改造县乡村三级医疗卫生设施。建设10所达到或接近二级综合医院水平的中心乡镇卫生院，将其打造为农村区域性医疗卫生中心。加速县域医疗卫生共同体建设，完善医疗分级诊疗制度，提高医疗资源利用效率，大力推行"互联网+医疗"，探索推广新式诊疗方法，实施医保总额预算管理，实现医疗服务的均等化。推动许昌与上海、北京等一线城市在医疗卫生方面资源共享，全面提升疑难重症诊治水平。强化基层医生培训，加强基层医疗卫生队伍建设，改革人员编制制度，合理配置医疗资源。通过放宽职称评定条件、调整高级岗位的结构比例等多种方式，提升基层医疗人员的积极性和专业水平。试行"乡聘村用"用人机制，并进一步提高乡村医生补助标准，稳定基层医疗人才队伍。

3. 健全城乡公共文化服务体系

加快推进数字文化建设，鼓励文化领域应用新技术，改造提升数字公共文化服务平台，系统构建历史文化数据库，大力推广数字化文化服务，探索虚拟现实（VR）、增强现实（AR）等新技术在公共文化服务领域的应用。加强城乡区域综合文化服务中心和新型公共文化空间建设，建立群众意见征集机制，合理布局公共文化设施，重点规划建设区县级综合性文化服务中心，积极培育社区文化活动空间。深入推进文化遗产保护传承，鼓励乡镇编撰乡史，挖掘整理优秀地方文化资源，对地方物质与非物质文化遗产进行系统保护及创新活化使用。构建现代文化传播载体，坚持扶优扶强，培育一批骨干文化企业，整合社会文化服务资源，建立现代文化配送渠道，健全文化传播激励机制。引入社会力量参与文化服务，广泛发展文化社会组织，在乡村地区通过政府购买服务等方式促进文化类社会组织参与提供基层公共文化服务，有效整合社会文化资源，推动乡村公共文化服务提质增效。

4. 提高就业创业服务能力和社会保障水平

为了提高产业人才供求匹配准确性，提升就业率，定期更新人才需求目录和紧缺职业目录。多措并举提升就业质量，制订实施分年龄、分群体的就业创业促进计划，定期组织开展面向城乡劳动力的职业教育培训，切实提升劳动者技能素质和就业质量。大力支持引导各类人才返乡创业，建设一批返乡创业孵化实训基地和示范园区，完善孵化服务政策。健全多层次医疗保障机制，发挥基本医疗保险、补充医疗保险和医疗救助作用，形成制度有机衔接、重点人群保障到位的三重医疗保障格局，并持续优化异地就医直接结算政策。建立统一的社会保险公共服务平台，加快城乡居民基本养老保险并轨，优化社会保险关系转移接续流程。强化公共安全服务供给能力，整合公共安全服务资源，按照同步规划、建设和管理要求，统筹优化派出所、警务室和警务工作站布局，并纳入公共服务中心统一体系，大幅提高公共安全服务可及性。

（六）建立城乡基础设施一体化发展体制机制

围绕城乡基础设施规划建设，统筹城乡基础设施发展中长期规划，确保城乡基础设施建设有序、高效。推动农村基础设施提档升级，健全农村基础设施安全运营维护管理机制，全面提高农村居民的生活品质。建立城乡基础设施资源互联互通和基础设施共建共享协调发展机制。

1. 建立城乡基础设施一体化规划机制

建立制度化、规范化、科学化的城乡基础设施一体化规划编制机制，优化城乡发展格局，促进城乡融合发展，统筹市县乡三级国土空间规划编制工作，实现多规合一、上下贯通。建立基础信息平台，提升城乡空间规划的整体性和协调性，实现国土空间规划编制与实施的无缝衔接。加快数字平台建设，接入数字化辖区空间规划管理系统，整合各层级各类型基础设施规划，为形成网络互联、资源共享的城乡一体化基础设施建设新格局筑牢地基，为城乡协调健康可持续发展夯实基础。

2. 推动城乡基础设施重点领域一体化建设

建立城乡水资源统筹机制，科学规划城乡供水，加快城乡供水管网联网，构建广覆盖、高效率的城乡一体化供水网络。加强农村污水收集管网和处理设施建设，强化跨区域水环境治理合作，共同解决跨界水污染问题，有力提高水环境质量。实施城乡道路通达工程，加大对农村公路等的投入力度，确保所有乡村畅通，推进城乡公路运输网络深度融合发展，降低城乡沟通成本。健全农村生活垃圾收运处置体系，全面推广生活垃圾分类，分类处置垃圾，提高资源利用水平，实现全面有效治理。加快农村地区新型基础设施建设，加大乡村5G网络建设力度。加大充电桩等设施投放力度，支持新能源汽车在农村地区推广，完善农村物流网点等基础设施布局，支持城乡资源高效双向流动。

3. 完善城乡基础设施建设资金筹措机制

建立多元化筹集资金的新机制，统筹整合财政预算内各类资金渠道，使各类资金形成合力，共同构建高效的资金支持体系。针对重大基础设施项目，增加项目资金的直接投入，对关键基础设施项目实行财政贴息，对创新和超额完成任务的项目以奖代补，多种方式并举支持农村基础设施项目建设运营维护。对农村生活垃圾处理、污水处理等环保项目给予财政补贴，降低项目建设和运营成本。通过收取适当的使用费用或服务费用建立合理的农户分担机制，保证项目运营的可持续性。对于有一定收益的农村基础设施项目，可采取特许经营等市场化方式，积极吸引社会资本参与建设和运营。支持村镇因地制宜探索"以商补公"的项目开发模式，通过产业园区和乡村旅游一体化开发筹集配套基础设施建设资金。设立相关制度有效预防基础设施因长期无人养护而荒废，在基础设施建设的前中后三个阶段，各级政府须在确定辖区不同项目的支出责任权和财政事权基础上，进一步明确各项公共基础设施产权，实现有效管理，划分管护责任，并将各级政府承担的基础设施维护费用纳入本级政府预算，保障基础设施可持续运行。

三　城乡融合试点效果评估

许昌市高度重视并积极参与国家城乡融合发展改革试验，紧抓重大战略机遇，坚持问题导向，锲而不舍破除城乡二元结构体制机制弊端。在完善顶层设计、健全政策制度、强化要素供给等重点领域协同发力，推进改革创新，形成了一批可复制可推广的做法和经验。目前，试验区促进发展的体制机制和政策体系的顶层架构已基本建立，工作运行机制更加高效，配套改革举措陆续落地。多渠道调研评估和实践运行表明，许昌市城乡融合发展改革试验工作主要可从以下几个方面进行总结。

（一）农村集体经营性建设用地入市取得突破

按照规划先行的原则，全面启动68个乡镇国土空间总体规划和150个村庄实用性村庄规划编制工作。坚持规划先行，科学统筹各类空间资源，为农村集体经营性建设用地入市创造规划层面的前提条件。制定出台全市统一的农村集体经营性建设用地基准地价标准，规范土地市场秩序，确保土地交易公平、透明。初步建立与国有建设用地同权同价同等入市的机制，有效消除土地入市的二元体制，使得农村集体经营性建设用地与国有建设用地享有同等待遇，为集体经营性建设用地入市营造公平市场环境。

在完成上述工作后，进一步搭建全市统一的集体经营性建设用地交易平台，实现集体经营性建设用地直接公开入市，打通农村集体产权资源资产化新渠道。2021年6月28日，鄢陵县打响了农村集体经营性建设用地交易的第一枪，马栏镇李孟社区两块农村集体经营性建设用地使用权成功实现市场化交易。黄龙新型农村社区项目占地307亩，自2013年建成后长期处于闲置状态，引发民众强烈不满。政府坚持城乡融合发展理念，广泛征求民意，将该项目用地按集体经营性建设用地入市交易，最终以2.66亿元的价格成交，同时盘活了21.7万平方米的地上建筑物，解决了遗留问题，实现了土地资源的有效利用。长葛市于2023年12月26日完成首宗农村集体经营性建设用地入市交易，交易地块位于佛耳湖镇辛集村，面积27.06亩，成交价380万元，拟作为工业用地使用，出让年限50年，改革取得阶段性进展。农村集体经营性建设用地入市交易除了能提高农村集体经济组织收入外，还可以通过分红机制激励农民积极参与农村集体经营性建设用地的流转和开发。可依照相关规定将部分收入向社区成员进行分红，农民和集体都能切实享受到政策红利。此举将促进土地资源的合理利用，推动农村经济的发展。

（二）农村资产抵押担保产权权能逐步实现

以农村土地承包经营权为切入点，积极探索农村资产产权抵押担保的可行路径。夯实农村资产权属基础，持续推进农村土地承包经营权的确权工作，确保土地权属清晰，为土地资产的有效运用奠定基础。农村房屋不动产登记权籍调查成果顺利通过省级验收，厘清农村房地产权属关系，奠定确权颁证的坚实基础。长葛市深化"全国农村承包土地经营权抵押贷款试点"改革，出台多项政策措施，支持金融机构开展农村资产抵押贷款业务，破解农村居民融资难题，取得显著成效，试点过程中的经验做法被国家发改委在全国范围推广。以"整村授信"作为重要抓手，通过整合村集体资源，以村集体经营性资产作为抵押，为全村农户提供综合授信额度，有力破解了农村信贷难题。

（三）科技成果入乡转化初见成效

许昌市积极构建利益联结机制，搭建科技合作平台，促进信息交流与资源共享，推动科研院所、企业、农民专业合作社等各方主体，通过合作实现科技成果转化动力增强、效率提升，加快科技成果在农业领域的推广应用。同时，依托科技大市场平台，整合科技大市场资源，筛选农业适用技术成果，定期评估科技成果库中的技术，确保技术的先进性和适用性，助推技术转移转化。深入推行科技特派员制度，开展"科技暖村"行动，鼓励更多科技人才参与乡村建设，科技特派员乡镇覆盖面不断扩大，带动科技知识的传播和技术的实地应用。

（四）城乡产业平台不断壮大

大力推进开发区建设，采取优化整合措施，明确"8+1"规划布局，促进开发区高质量发展。省级农业产业化集群数量已达10个，并已建成53个国家、省级农业标准化示范区。采取有力措施培育新型农业经营主体，县级以上示范合作社数量达到126个、示范性家庭农场达到188个，市级以上农业产业化龙头企业达到122家。打造钧瓷、刺绣、民间社火等具有地域特色的文化分馆76个，组建乡村文化合作社338个。禹州市着眼于城乡融合发展，结合当地现实情况，合理发掘运用本地文化资源，打造了国际裸烧陶艺村、创客基地等示范片区，为乡土文化传承、创意产业发展、城乡一体化发展提供了可复制、可推广的经验和模式。

（五）城乡公共服务水平加快提升

教育方面，深化集团化办学，推进校长职级制、教师"县管校聘"等重点改革，校际差距持续缩小，5个教育集团被认定为首批省级优质教育集团，魏都区入选河南首批义务教育阶段集团化办学改革先行区。全面落实"两免一补"政策，在全省率先普及学前教育、率先通过义务教育基本均衡验收。持续推进义务教育标准化管理示范校特色校创建，加快教育联合体建设，全市30个学前教育项目全部开工，15个投入使用，增加学位8790个。医疗方面，推进紧密型县域医共体建设提质增效，3个县级综合医院达到三级医院水平，所有县级中医院、妇幼保健院均达到二级以上标准，村卫生室产权公有化率达到89.7%。文化方面，重点完善提升县域公共文化设施网络，新完成50个基层综合性文化服务中心设备配备，全市103个乡镇（街道）文化站全部达标，村级综合性文化服务中心实现全覆盖。

（六）农村基础设施提档升级

围绕完善水电路气、能源物流等与群众日常生活息息相关的基础设施，持续发力，补齐短板。实施农村自来水提升行动，加快推动农村供水"四化"，累计完成投资9亿元。加快农村道路建设，新改造提升农村公路146公里，禹州市、鄢陵县、长葛市、襄城县达到城乡交通一体化示范创建5A级标准。深入实施农村电网巩固提升工程，完成农网改造项目307项，改造10kV线路173.35千米。加快清洁能源进农村，新建农村燃气管网143.38公里，覆盖行政村178个。加快推进快递进村，顺丰、京东等企业实现快递直投服务进村全覆盖，设立农村寄递服务站点的村占比74%。同时，发挥村（社区）"两委"、联乡帮村干部、驻村第一书记和驻村工作队的作用，对重点人群住房安全实施定期和动态监测，及时发现并消除房屋安全隐患，全市164户农村危房改造任务全部完成。

（七）农村人居环境整治行动全面开展，农村生活环境宜居化

围绕解决影响农村人居环境整治成效的突出问题，分阶段开展专项治理行动，促进农村人居环境从"一片美"迈向"全域美"，改善群众生活环境。2023年上半年全省人居环境整治提升排名中，许昌市被表彰为"整治成效明显的市"。围绕"净"，开展农村人居环境整治"大提升"活动，全面清除高速铁路、高速公路、国省道干线、桥梁涵洞等区域积存垃圾杂物，努力实现"一眼净"目标。"三夏"过后，迅速启动农作物秸秆集中清运专项行动，紧盯路边沟、道路沿线、村庄空地等重点区域，集中清理秸秆杂物。围绕"绿"，开展乡村绿化"果树进村"，市领导带队组织开展现场观摩评比3次，完成"四旁"绿化2300亩、新栽果树21.4万棵。围绕"美"，实施以"一宅变四园"为主题的村容村貌提升专项行动，新整治荒宅1976处、"空心院"2005个，建成"四园"2614个。扎实开展农村改厕"提质年"工作，组织改厕"大比武"2次，全市新改户厕22471户，占年度应改户数的86.4%。

四 试点经验启示和思考

许昌市作为河南省的重要城市之一，近年来在推进城乡融

合发展方面取得了显著成效,为其他地区提供了有益的借鉴和启示。结合对许昌市城乡融合发展的调研,借鉴东部发达地区的经验,针对适应新发展格局,进一步实现城乡高质量融合发展,主要有以下四点建议与思考。

其一,应转变规划理念,以产业发展为先导,以适业适居为基本原则,将环保要求作为前置条件,优先布局产业项目。当前,许昌市的城乡规划仍然存在一些问题,如房地产过度占用土地资源、产业布局不合理、生态环境受到破坏等。这些问题不利于城乡融合发展,需要及时解决。具体而言,应做到以下几点。

一是对现有集体经营性建设用地上的企业进行全面排查,剔除落后老旧产能,保留具有发展潜力的企业,对用地进行重新规划。对于闲置的集体经营性建设用地,应当通过招拍挂程序赋予土地产权,引入符合产业导向的新企业、新项目。这样一方面能够优化现有用地资源,提高土地利用效率,激发土地价值潜力;另一方面也能为产业升级腾挪空间,吸引更多资金、技术、人才等要素,从而推动产业转型升级。

二是加快建立多元化融资渠道,为企业提供便利的贷款抵押服务,增强企业投资信心和动力,推动其实现升级换代、转型发展。通过市场化运作,鼓励优势企业主动"以企招商",吸引优质项目落户,形成"腾笼换鸟"的良性发展格局。此举可以为企业注入新的资金活水,激发企业内生动力,实现技术改造和产业升级；同时也可使企业借力外引，吸收先进技术和管理经验，提高产业竞争力，增加产品附加值。此外，这种"以企招商"的创新模式，有利于进一步发挥市场在资源配置中的决定性作用，促进优质资源要素在企业和产业间合理流动。

三是立足郑许一体化的战略方位，科学研判郑州都市圈的产业梯度和空间扩展态势，主动进行区位承接和功能布局。一方面，要着眼于许昌市土地价值相对较低的区位禀赋，有针对性地引导郑州都市圈产业向许昌市梯度转移；另一方面，要发挥许昌市优美生态环境的区位优势，主动融入郑州都市圈的绿色生态功能圈。通过这种双向承接和融合，紧密对接郑州都市圈的辐射带动效应，加强与郑州在基础设施互联、产业协同、生态共融等方面的融合发展，从而提升许昌市在中原城市群中的地位和影响力，实现与郑州的同城化高质量发展。

其二，以消除城中村为突破口，加快城市建设步伐，实现完善城市功能、提升城市品位的目标。许昌市作为一个历史悠久的文化名城，在城市建设方面有着不少亮点和特色，同时也存在一些问题和挑战，如城中村现象普遍、老旧小区改造滞后、城市功能不完善等。这些问题影响了城市形象和品质，也制约了城乡融合发展的进程。因此，在消除城中村方面应做到以下几点。

一是继续有效利用国家老旧小区改造和棚户区改造政策的契机，主动申报项目，努力争取中央财政专项资金支持。通过国家资金的支持,继续大力实施老旧小区和棚户区的综合改造,改善人居环境,提升基础设施和公共服务设施水平,从根本上改变居民的居住条件。优质的人居环境不仅能提高居民的生活质量和获得感,也将进一步彰显许昌市对人才的吸引力,增强城市的凝聚力。进一步科学编制改造规划,合理安排改造进度,确保工程质量,切实为广大市民创造宜居、宜业的美好家园。

二是满足社会资本对地产的需求,通过出让集体经营性建设用地,为社会资本长期稳定投资提供土地保障,实现"有恒产者有恒心",确保资本方能够长期安心投资、持续经营。吸引地方工商资本大举投身城市建设。同时,为科研、文化、商业、社会服务等公共事业设施预留用地指标,以确保城市发展的全面性和可持续性。鼓励社会化运作模式,发挥市场在资源配置中的决定性作用,激发社会力量参与城市建设,促进城市建设的市场化、专业化和多样化发展。促进城市功能多元化和优化升级,提升许昌市的创新能力和文化内涵。

三是坚持行政职能主导、市场化运作相结合的发展路径,走城市可持续发展道路。针对闲置的集体组织用地和集体经济用地,政府可先期投资城市建设。通过"以新换旧"滚动开发模式回收这些闲地,避免拆迁所带来的巨额资金投入和潜在政治风险,从根本上消除城中村。这一举措有助于协调和平衡城中村改造中的利益分配,实现政府、企业和居民多方共赢,助力城市面貌焕然一新。

其三，大力推进农业产业现代化进程，坚定不移走市场化发展道路，通过合村并居方式，优化农村地区的发展结构。开展土地整治，集约利用土地资源，提高耕地产出效益。推动土地大规模流转和集中，支持成立大型农业企业，从而在不影响基本农业生产的前提下，全面提升土地使用效率。推动建设新型农业经营组织，将农民土地承包权转换为股权，进而鼓励农民积极参与农业现代化进程。通过各种方式充分发挥土地的潜力，促进农业产值的增加，同时保障粮食安全和农业可持续发展。许昌市是一个农业大市，在农业生产方面有着丰富的资源和优势，同时也面临一些困难和挑战，如农业结构不合理、农业效益不高、农民收入不增等。这些问题制约了农业的发展，也影响了城乡融合发展的质量和效果。因此，在推进农业产业化方面应做到以下几点。

一是加强对农业产业链的规划和培育，突出特色优势，打造品牌效应，提高产品附加值和市场竞争力；二是加快推进土地流转和规模经营，鼓励农民以承包权入股或租赁方式参与新型农业经营组织，实现土地资产化和股权收益化；三是加强对新型农业经营主体的扶持，提供政策、资金、技术、人才等方面的支持，促进其健康成长和可持续发展。

其四，争取上级在国土空间规划中，最大限度赋予地方自主权，在保证基本农田保有量的前提下，争取土地整合的最大操作空间，积极试点创新性的土地整合方式，探索符合当地实际的土地整合新模式。深化土地资源要素市场化改革，加快推进工业项目"标准地"和混合用地改革，大力提高土地资源配置效率。许昌市在土地资源管理方面也存在一些问题和困难，如土地供给不足、土地利用效率低下、土地流转障碍多等。这些问题限制了土地资源的优化利用和增值潜力，也影响了城乡融合发展的空间支撑和条件保障。因此，在争取上级赋权方面应做到以下几点。

一是争取在国土空间规划中获得更多的自主权，以更好地适应本地区的发展需求和特点。探索基本农田保有量前提下的土地整合模式，尝试多种土地利用方式，实现土地资源利用的集约化和高效化。

二是深化土地资源要素市场化改革，推进工业项目"标准地"和混合用地改革，简化土地审批流程，降低土地使用成本，提高土地使用弹性和适应性。

三是加大对农村集体建设用地的监管力度，提升监管的精准性和时效性，同时为农村集体经济组织使用集体经营性建设用地提供更好的服务和指导。规范农村集体经营性建设用地有偿入市的制度和流程，明确准入条件和操作规范，维护农村集体经济组织的正当权益。完善农村集体资产特别是集体经营性建设用地的产权抵押担保机制，赋予其充分的抵押权能，拓宽融资渠道。促进农村集体经营性建设用地的有序流转和有效利用。

第五章

用活土地资源，推动城乡融合：
基于河南三县（市）调研

土地是人类社会经济活动的空间载体，是实现城乡融合发展的要素保障和关键纽带。党的十八大以来，伴随着新型城镇化和乡村振兴战略的稳步推进，农民进城、集中居住的趋势逐年凸显，农村闲置宅基地和集体经营性建设用地存量可观、增量可期。对此，我国审慎推进农村"三块地"改革，在切实保障农民土地权益的前提下，对农村土地管理制度进行创新。"三块地"改革包括农村土地征收、集体经营性建设用地入市、宅基地制度改革，具体通过调整农村土地生产关系形式、改变政府征地行为来优化城乡土地要素的配置；通过推进土地要素的市场化改革来逐步释放改革红利，盘活低效集体建设用地资源。上述改革对于提高城乡土地利用效率、增加农民财产性收入、强化乡村振兴用地保障具有重要战略意义。近年来，中国社会科学院财经战略研究院与河南省社会科学院联合调研组先后赴河南省林州市、中牟县与新密市，围绕乡村振兴展开国情调研。鉴于三县（市）在全国"三块地"改革和乡村振兴中具有典型意义，现将调研过程中的一些发现与思考进行总结提炼，以期为更好地强化乡村振兴用地保障提供参考。

一 三县（市）农村人口和土地利用总体情况

人口方面，林州市、中牟县和新密市是中部地区典型的快速城镇化和人口净流出地区。关于三县（市）农村人口变动情况，可以从两个视角观察：该地区的城镇化率情况和该地区农村常住人口与户籍人口之比的变化。在县域范围内通过观察农村劳动力进城数量得到人口从农村向周围中小城市集聚的趋势，间接反映出农村人口的绝对数量逐年减少；通过直接对比统计数据得到农村人口的实际地域分布，发现农村户籍的劳动力以流动人口的形式分散在城市群附近，农村的实际生活人数较少。随着我国户籍制度改革的深化，农村劳动力迁入中小城镇的政策成本有所下降，农村人口向城镇转移的趋势愈发明显。以地区常住人口衡量的城镇化率指标为例，调查显示，与2010年第六次全国人口普查相比，林州市、中牟县和新密市2020年常住人口城镇化率分别提高了16.1个百分点、30.4个百分点和19.0个百分点，均明显高于全国常住人口城镇化率的上升幅度。从县级行政单位层面看，人口分布呈现出集聚态势，农村居民正逐渐向县（市、区）集中，人口就地城镇化现象显现。这种人口的就地城镇化现象凸显了中小城镇对农村人口吸引力的增强，有助于进一步调整城乡人口分布结构，扎实推进以县城为重要载体的城镇化建设。值得注意的是，三县（市）户籍人口与常住人口均相差20万人以上，人口外流现象较为普遍。由于农村地区就业渠道狭窄、能够吸纳大量劳动力的地区制造业发展不充分等，三县（市）大多数乡镇的适龄劳动青年选择外出务工。以中牟县为例，2019年农村户籍人口和常住人口分别为42.05万人和23.29万人，常住人口占户籍人口比重仅为55.39%，相当于近一半农村人口外流，农村"空心化"问题严重。

与上述农村人口大规模外流现象不一致的是，三县（市）农村居民点用地，自21世纪以来，总体呈现出快速增加的态势。以中牟县为例说明，根据中牟县第三次全国国土调查数据，截至2019年12月31日，农村居民点用地面积约为153.86平方千米，占全县建设用地总面积的51.40%，同期农村常住人口为232901人，占全县常住人口的比重仅为44.32%，即中牟县农村居民人均用地面积约661平方米，呈现出"人少地多"的现象。横向对比来看，河南省农村居民点用地面积约为17654平方千米，占河南省建设用地总面积的72.08%，同期农村常住人口约为4511万人，占全省常住人口的比重仅为46.79%，即河南省农村居民人均用地面积约为391平方米；全国农村居民点用地面积约为219356平方千米，占全国建设用地总面积的62.13%，同期农村常住人口约为55162万人，城镇常住人口约为84843万人，农村常住人口占比为39.4%，即全国农村居民人均用地面积约为398平方米。综上，中牟县农村居民人均用地面积显著高于全省水平以及全国水平，农村居民点用地面积增加与农村人口减少的趋势十分明显。农村土地存在使用途径单一、经济效益低下的情况，农用地易出现撂荒现象，而集体建设用地中的集体经营性建设用地和公益性公用设施用地往往使用效率较低，宅基地使用则呈现出占而不建、占旧建新的畸形格局。

二 城乡融合中面临的集体土地利用问题

土地是支撑乡村振兴战略全面推进的空间载体。农村土地征收、集体经营性建设用地入市、宅基地制度改革，是党的十八届三中全会部署的重大改革事项。"三块地"改革，一方面通过改变农村集体建设用地使用规范、完善政府引导市场参与的城乡低效用地再开发政策体系，有效激发农村居民点的用地潜力，提高城乡存量建设用地利用率；另一方面通过深化农村集体产权制度改革，创新农村集体经济运行机制，有效拓宽农民增收渠道、增加农民财产性收入。但由于改革涉及的主体以及包含的利益关系都较为复杂，且面临一些历史遗留问题，所以推进缓慢。通过对林州市、中牟县和新密市等"三块地"改革的非试点县（市）调研，还发现了一些农村集体土地利用实践存在的共性问题。

一是农村土地利用的集约化程度较低，存量闲置用地比例较高。林州市、中牟县和新密市都是河南省县域经济基础较好的县（市）。在河南省下辖的157个县（市、区）中，据2023年各县（市、区）政府工作报告，林州市以657.44亿元的地区生产总值位列全省第16，人均地区生产总值约为70367元；新密市以736.85亿元的地区生产总值位列全省第14，人均地区生产总值约为88967元；中牟县以1412.40亿元的地区生产总值位列全省第4，人均地区生产总值约为97771元。尤其是中牟县，其凭借较为完善的现代产业体系与两大省级开发区（高新技术产业开发区和现代服务业开发区）的优势晋级全国百强县，稳居河南省县域经济发展第一梯队。如前文所述，三县（市）人口城镇化与产业现代化快速推进，农村空心化与用地面积增加趋势明显，农村居民点分布松散、土地利用低效的问题愈发明显。近几年新建的新型农村社区以2~3层楼房为主，但大部分传统村庄仍以

1~2层院落式住宅为主，喜圈好地、建大院，土地集约化利用率低下。随着农村常住人口减少，劳动力向外迁移，大量宅基地出现闲置空置的情况，村庄农用地撂荒、厂矿和道路改线废弃地未归置的现象屡见不鲜。"四荒地"存量较大，也存在少量未耕种抛荒耕地。此外，由于城乡二元户籍制度和土地制度的存在，城乡土地资源未能建立起统一的市场化交易体系，阻碍了土地资源的合理流动和高效利用，也导致规模庞大的农民工群体在农村保留宅基地的同时，在流入地城市也占用住房资源，形成了"双重占地"的现象，这加剧了流入地和流出地建设用地指标的紧张程度和空间适配矛盾。

二是老村拆旧土地腾退有限，新村建设占补平衡效果不明显。老村拆旧土地腾退是指在旧村落地区进行土地更新和建筑拆除活动，以更好地实现农村土地资源优化配置，是提高农村居民生活水平和推动城乡协调发展的重要举措。一方面，拆除老旧建筑能够进一步释放土地资源，通过在腾退的土地上新建更符合当前需求的工商业建筑或公园绿地可以有效提升土地利用率，吸引投资，推动当地经济发展；另一方面，老村落建筑的布局往往没有经过科学设计，存在建筑密集、基础设施难以更新的问题，通过拆旧和土地腾退可以为新建宜居建筑提供空间，改善农村居民的居住环境。

虽然老村拆旧与土地腾退的益处良多，但其实际推行并不顺利，面临诸多难点。首先是村民意愿不高，许多村民对村落有着较强的感情依赖，特别是祖居等有深刻意义的地方，其拆除会受到村民的反对；其次是补偿安置中的利益平衡问题，老村拆旧涉及多个利益主体，协调各方利益，以村民认为公正合理的方式为其提供适宜的安置条件是土地腾退成功的关键；最后是资金压力，老村拆旧和土地腾退往往需要巨额资金投入，用于拆迁补偿、基础设施修建与新房建设，地方政府在资金筹措上面临巨大压力。三县（市）目前整体拆迁比例仅为10%左右，大部分为"插花式"拆迁，复垦或集约化使用难度较大。而拆旧后的宅基地大多整理为村庄停车场、绿地等，或用于分户宅基地重新分配，建设用地指标腾退有限。在老村拆旧土地腾退有限的前提下，新型农村社区新增建设用地指标压力骤增、工程进展缓慢。以中牟县为例，新型农村社区目前已建安置房占规划总户数的比例不足40%，已建社区入住率不足60%。

三是受各类保护控制线限制，集体经营性建设用地入市局限性较大。林州市属于太行山生态保护重点区域，中牟县属于黄河流域生态保护重点区域，两者行政单元地域内生态保护红线、永久基本农田保护范围较大。为确保生态敏感区不受过度开发的影响，部分镇区、集中建成区、收储地块和现状居民点被划入保护控制线范围内。按照相关生态保护要求，保护区域内的发展活动和居民的日常生产生活受到一定的制约，这也意味着该区域内的开发建设活动都需要进行严格审查，以免对生态区造成不可逆转的损害。出于生态管控的需要，林州市和中牟县的集体经营性建设用地入市交易限制较多。即便有腾退入市的集体土地，在招商引资方面也会面临诸多生态制约因素，如开发者须获得环保部门许可，在遵守当地生态保护法律法规和不破坏本地生态系统可持续性的前提下进行项目建设，又如相关环保部门需对集体经营性建设用地的开发计划进行环境评估。上述环节，一方面增加了项目开发的时间成本，另一方面也对建设用地的潜在投资规模和类型做出了限制，故即使通过腾退土地获取了数量可观的集体经营性建设用地，其实际入市交易面临的挑战仍较大。新密市虽不严格属于生态重点保护区，但其地处双洎河上游，而双洎河历史悠久，是中华文明灿烂文化的发源地，也是目前河南省推进河湖生态治理、加强水生态保护修复工作的重点综合治理河流之一，所以新密市的土地开发建设也同样面临较为严苛的各类保护控制线的限制，农村集体经营性建设用地的使用自由度有限。

四是缺乏农村集体经营性建设用地入市的相关细则，县级以下基层政府难以把握政策边界。农村集体经营性建设用地入市，一方面有助于减少农村土地资源的浪费，盘活农村闲置存量地，另一方面能够吸引更多工商业资本下乡，通过激发农村地区经济发展活力有效实现农民集体增收，拓宽乡村振兴的资金来源。从1995年地方自发试点到2015年国家部署农村土地制度改革三项试点工作，再到如今，集体经营性建设用地入市制度经历了三十年的发展，但与国有建设用地出让的整个流程都有较成熟的法律法规相比，集体经营性建设用地入市还有很多执行细节尚未明确，面临市场机制不完善、土地增值收益不明确等问题。当前，集体经营性建设用地入市的市场机制呈现出明显的地域差异，这给统一大市场带来了一系列问题。地方政府在撮合交易时提供的信息往往具有滞后性，影响了市场的透明度和效率，入市成交率低下。第三方中介机构的缺位使得土地的隐形交易也层出不穷，阻碍了土地市场的健康发展。关于土地入市收益分配，由于尚未从法律层面界定收益分配主体且缺乏合规的监督管理机制，所以呈现出收益分配混乱、管理不透明的问题。集体土地入市后的产权如何分割、如何享有抵押权益、如何进行收益分配等，都有待相关法规的出台。从全国33个试点县（市、区）经验来看，集体土地入市后主要用于工商业生产、教育，租赁房、共有产权房等方面也有所涉及。但在非试点地区，农村集体经营性建设用地项目类型往往受限于国土空间规划和土地用途管制。据调查了解，林州市、中牟县和新密市均曾派出相关考察团赴长垣等国家级改革试点县进行观摩学习，但由于基层干部事务性工作较多、政策边界把握不准，即便《土地管理法》修正案和中央一号文件已经明确允许农村集体经营性建设用地入市，在实际操作层面，三县（市）也鲜有集体土地入市的案例。

三 盘活农村集体建设用地的相关政策建议

盘活农村集体土地资源，是全面实施乡村振兴战略的关键一步，也是用好用足创新性政策的重要前提，不仅有助于优化农村土地资源的利用，还能极大释放农村土地要素的经济价值，推动农村经济多元化发展。必须高度重视农村集体土地资源在推进乡村振兴中的重要作用和战略意义，将其作为农村改革政策制定的核心。针对调研过程中发现的现实问题，一方面要完善和深化相关法律法规，制定更为明确和具体的土地管理条例，确保土地使用流程的规范性和使用目的的合法性；另一方面也要构建起一套较为完整的政策支持体系，从制度方面来保障农村集体土地资源的合理利用。此外，还应增强农村土地管理的创新性和灵活性、探索土地使用权新模式，以有效提升农村地区的自我发展效能，促进农业农村的整体升级与现代化发展。

第一，积极盘活农村存量建设用地，提高农村集体建设用地使用效率。挖掘存量潜力与统筹增量指标是盘活农村集体建设用地的关键。在挖掘存量潜力方面，首先，需重视思想层面的工作，如新密市以乡镇政府召集村集体、企业代表的方式展开乡镇级政策宣讲，带领业务骨干对有入市意向的村集体进行逐步骤详细解读，阐释入市主体资格确认、出让与出租形式、收益分配落实等重要概念，扭转村干部和村民对集体土地利用的老旧观念。其次，鼓励有序开展县域乡村闲置集体建设用地综合整治工作，通过系统性的整治规划加强农村土地的法治化管理，确保土地使用符合法律法规的要求，减少土地利用方面的相关争议，降低集体土地入市的交易成本。最后，加强村内空闲地、闲置宅基地的整理和盘活利用，鼓励对依法登记的集体建设用地进行复合利用，以最大化农村土地资源的经济和社会价值：宅基地利用方面，严格执行"一户一宅"政策，每户宅基地原则上按两分半标准执行，确保每户宅基地的使用符合规定的面积标准，避免过度建设和资源浪费；农村土地征收使用方面，对使用"四荒地"的农村第二、第三产业项目，优先安排新增建设用地计划指标，对盘活存量集体用地成效突出的县（市、区），给予新增建设用地计划指标奖励。增量指标统筹配合存量潜力挖掘的奖励机制，不仅表彰了当地的积极行动，也激励了其他地区进行效仿，从而推动更广泛的农村土地管理制度的改革。

第二，完善乡村振兴用地保障机制，新增建设用地指标适度向乡村发展倾斜。在乡村振兴战略的实施过程中，用地结构性矛盾突出，其中新增建设用地指标的分配成为地方政府关注的焦点。针对如何将有限的建设用地指标优先用于乡村振兴的问题，自然资源部办公厅发布《乡村振兴用地政策指南（2023年）》，详细梳理和总结了关于用地指标保障的支持政策，为地方提供了明确的政策方针指引和实施案例参考。自然资源部在用地审批和规划许可的具体操作方面采取了一系列措施以简化审批流程，推动规划用地审批许可提质增效，例如根据不同的用地情况采取合并审批、豁免手续等灵活方式减少地方政府在用地过程中的限制。做好乡村振兴的土地要素保障工作、科学编制管理村庄规划，认真落实中央一号文件精神，切实提升自然资源领域服务保障乡村振兴用地的能力，尽力满足乡村产业、公共服务设施和农民住宅用地的合理需求，确保省级土地利用年度计划中至少划拨5%的新增建设用地指标，专门用于支持保障重点乡村重点产业的项目用地。需严格参照新修订的县乡级国土空间规划，安排不少于10%的建设用地指标，重点保障乡村产业发展用地，因地制宜发展乡村民宿、农产品初加工、电子商务等产业，从而帮助乡村经济实现多元化发展，强化农村的自我提升能力。要允许各地在村庄规划中预留不超过5%的建设用地机动指标，这种灵活的用地指标能够让各地根据实际情况与发展需要更好地规划和利用土地资源，支持零星分散的乡村文旅设施及农村新产业用地的需要。高效合理利用乡村振兴用地不仅有助于农村地区的长期发展，也符合全国范围内土地资源管理和优化利用的战略目标。

第三，显化农村集体土地增值收益，切实提高农民财产性收入。通过政策引导和舆论宣传，大力提高银行、企业和资本市场对集体经营性建设用地的接受程度，鼓励村集体组织采用土地使用权入股、合作经营等方式参与乡村产业项目的开发，加快推广契约型、分红型、股权型等集体经济合作模式,让农民共享土地和产业链增值收益,降低集体土地交易成本与经营风险。针对如何通过分配入市收益提高农民幸福感,新密市地方试点案例提供了参考方案:市财政部门先按成交出让价款的一定比例收取土地增值收益调节金,调节金作为专项资金,统筹安排用于农村基础设施建设支出,周转垫付农村集体经营性建设用地土地开发、土地整理资金,对农村经济困难群众的社保补贴和特困救助,以及经市政府批准的其他涉农支出;接下来参照征地片区综合地价执行标准对被占地群众进行资金补偿;在保障被占地群众补偿前提下,经村集体与村民小组协商并经村民小组讨论同意后,再按一定比例提取公益金,公益金按规定使用,一般用于全村修路、用电、用水、医疗保险等公益事业支出;剩余入市收益原则上全部留归村、村民小组集体,纳入农村集体资产统一管理,实行专账管理和"村财乡管",也可学习新密市地方试点的做法,利用剩余收益成立村集体企业,在解决劳动力就业的同时发展壮大村集体经济。若聚焦宅基地的制度红利,则需加快推进人口流出地宅基地改革试点,按照依法公平取得、节约集约使用、自愿有偿退出的原则,鼓励将退出的宅基地作为增减挂钩节余指标在省域内流转。县级以上土地储备中心可依据村集体意愿,协助解决村集体建设用地出让主体能力不足和退出补偿资金不足的双重短板。

第四，加强顶层设计，出台完善农村集体经营性建设用地入市的实施细则。在充分总结全国33个试点县（市、区）农村集体经营性建设用地入市改革经验的基础上，进一步发挥自然资源、农业农村、工商税务、金融等部门和机构力量，积极制定相应的配套政策和实施办法，尽快确定集体经营性建设用地入市的主体范围、管理机制、利益分配和不动产权登记原则。细化拟入市地块的实地勘测与初审工作，明确通过市自然资源和规划局审核后的可入市地块的具体入市步骤，制定从出让人向镇政府提出入市申请并报市政府审批，到地区发改委出具产业准入要求、环保部门出具宗地生态环保要求、资源规划部门出具宗地规划条件，再到出让人委托第三方评估公司对地块进行估价，最后在公共资源交易中心进行挂牌、成交时签署《交地确认书》并缴纳税费办理不动产登记的详细流程。制定细致的实施细则和地方性法规，能够确保农村集体经营性建设用地入市政策有效落实，促进乡村振兴战略的全面实施，加快农村土地资源管理的现代化，实现从土地入市到农民增收的良性循环。

第五，加大监督与审计力度，防止"取之于农、用之于城"。首先，在项目建设的各个阶段，市自然资源和规划局作为市政府的监管代理人应与辖区乡镇政府监管方一道联合履约，做好项目开工、建设、竣工、达产验收等开发利用环节的监管工作。依据出让合同的条款，明确出让人和受让人在项目开发中的责任、具体的监管内容以及违约和整改的要求，以此加强入市土地的全生命周期监管，提高土地使用的合规性。其次，盘活农村集体建设用地，与国家对农村集体所有土地进行征收的做法不同。后者被征收的农村土地所有权发生转移，变为国家公有，而前者的土地利用模式可能会导致使用权发生变化，但所有权仍然属于集体。因此，盘活的建设用地指标不能盲目由县（市）统筹，必须坚持"乡管村用"，坚持入市收益向农村、农民倾斜的原则，确保入市后获得的增值收益首先补偿农民并用于乡村振兴战略，以期为农村农民发展提供长期资金支持。此外，关于乡村振兴的资金来源和可持续发展的问题，需要妥善处置收益，进一步完善入市资金专款专用制度，监督保障资金的科学使用，加强行政审计与农民监督，建立起权责明确、有效制衡、齐抓共管的监管体系。

第六章

兰考普惠金融改革的经验与借鉴意义

普惠金融于国民经济来说愈发重要。习近平总书记在中央全面深化改革委员会第二十四次会议上强调,"要始终坚持以人民为中心的发展思想,推进普惠金融高质量发展,健全具有高度适应性、竞争力、普惠性的现代金融体系"。2023年10月召开的中央金融工作会议明确指出,要"做好科技金融、绿色金融、普惠金融、养老金融、数字金融五篇大文章"。普惠金融作为"五篇大文章"之一被提及,对助力乡村振兴、实现全体人民共同富裕均具有重要意义。发展普惠金融,破解其发展过程中的体制机制障碍和难题困境,需要深入实施创新驱动发展战略,充分发挥市场在资源,特别是金融资源配置中的决定性作用,更好发挥政府作用，构建并不断完善普惠金融服务体系，最终使金融的改革发展成果惠及更多人民。其中重要的一环便是，使不同区域因地制宜探索差异化的改革和发展模式，总结发展经验，并进行复制和推广。

兰考是我国县域经济的代表，兰考普惠金融发展的困境具有显著的代表性，同时兰考也是焦裕禄精神的发源地，具有大胆创新和改革突破的悠久历史。2014年，习近平总书记两次调研兰考，要求兰考准确把握县域治理的规律和特点，在县域改革中走出一条好路子。[①]为有效探索普惠金融的县域改革和发展模式，破解普惠金融发展过程中遇到的突出问题，2016年12月，《河南省兰考县普惠金融改革试验区总体方案》印发，兰考县成为全国首个国家级普惠金融改革试验区。[②]

兰考县立足传统农业县的发展实际，紧紧围绕"普惠、扶贫、县域"三大主题开展试验区建设，并形成了"一平台四体系"的兰考模式，即以数字普惠金融综合服务平台为核心，以金融服务体系、普惠授信体系、信用信息体系、风险防控体系为主要内容（谢利、叶松，2019）。普惠金融在助推经济社会发展、

[①]《找寻破解普惠金融困境的有效途径——河南兰考县普惠金融"一平台四体系"模式的探索实践》，共产党员网，https://www.12371.cn/2019/07/17/ARTI1563347508899516.shtml。

[②]《2019年度河南省经济体制改革十大案例之十：兰考县普惠金融"一平台四体系"模式的探索实践》，河南省发展和改革委员会网站，https://fgw.henan.gov.cn/2023/03-23/2712319.html。

打赢脱贫攻坚战以及补齐民生领域短板等方面发挥了积极作用，县域金融服务覆盖面、可得性、满意度不断提升。总结兰考模式可复制可推广的经验和做法，对普惠金融在更广区域的发展、服务支持乡村振兴，具有重要的理论和实践意义。

为了推动学习贯彻习近平新时代中国特色社会主义思想走深走实，2024年3月，中国社会科学院财经战略研究院组织调研团队赴河南省兰考县等地对普惠金融的兰考模式进行调研。调研团队后期对普惠金融改革试验区的推进历程进行了梳理，希望结合兰考县破解普惠金融发展所面临难题的针对性做法，以及运用金融工具助力县域经济发展、脱贫攻坚和乡村振兴的成功实践，总结可持续、可复制和可推广的普惠金融发展经验，为其他地区提供有价值的经验借鉴，同时明确普惠金融改革试验区的未来发展方向。

一 兰考县普惠金融改革试验区的实践经验与成效

（一）兰考县普惠金融改革试验区的发展背景

长期以来，普惠金融发展面临的主要难题之一便是难以触达农民、小微企业等弱势群体（谢利、叶松，2019），农村地区金融服务不足、农民贷款难、数字金融水平低等问题严重制约了农村地区经济社会的发展。在保障机会平等、商业可持续与成本可负担的前提下,为各类市场主体提供有效金融服务,满足"三农"和小微企业等群体的金融需求,是构建具有高度适应性、竞争力、普惠性的现代金融体系的关键,更是助力乡村振兴、促进全体人民共同富裕的重要抓手。在此背景下,2013年11月12日,党的十八届三中全会审议通过《中共中央关于全面深化改革若干重大问题的决定》,正式提出"发展普惠金融。鼓励金融创新,丰富金融市场层次和产品",将普惠金融作为全面深化改革的重要内容之一。2015年政府工作报告提出,要大力发展普惠金融,让所有市场主体都能分享金融服务的雨露甘霖。

然而,我国幅员辽阔,不同地区,尤其是农村层面的特点和差异明显,将统一的改革模板在全国范围推广,面临较大的阻力和困难。因此,更加符合我国国情的改革方式,应允许不同区域结合自身特点,率先探索差异化的改革和发展模式,区域性试点能助推整体政策在不同地区更好落地。2016年初,国务院正式发布《推进普惠金融发展规划(2016—2020年)》(国发〔2015〕74号),规划指出,"大力发展普惠金融,是我国全面建成小康社会的必然要求,有利于促进金融业可持续均衡发展,推动大众创业、万众创新,助推经济发展方式转型升级,增进社会公平和社会和谐",并明确要求"开展试点示范"。作为首个国家级普惠金融发展规划,该文件明确了推进普惠金融发展的指导思想、基本原则和总体目标，为普惠金融发展提供了根本遵循。

2016年2月，河南省人民政府将《关于河南省兰考县普惠金融改革试验区总体方案的请示》呈报国务院。2016年12月26日，国务院批复同意，兰考县成为全国第一个国家级普惠金融改革试验区，也是全国唯一一个获批国家级普惠金融改革试验区的县（市、区）。《河南省兰考县普惠金融改革试验区总体方案》也由中国人民银行等部门联合河南省人民政府印发。

（二）兰考县普惠金融改革试验区的主要做法

为寻找破解普惠金融发展难题的有效途径，兰考县从群众反映最强烈的金融服务痛点、顽疾入手，坚持市场机制与政策引导相协调，数字金融与传统金融共同发力，探索形成了以数字普惠金融综合服务平台为核心，以金融服务体系、普惠授信体系、信用信息体系、风险防控体系为主要内容的"一平台四体系"模式，找到了一条破解农民贷款难、农村基本金融服务缺失等难题的有效路径（谢利、叶松，2019）。

1. 打造综合服务平台，打通普惠金融的供给渠道

以银行网点和人工服务为主的传统金融模式开展普惠金融

存在多种问题,例如效率低下、成本较高、风险控制难度高等,如果将产品推介、普惠授信、生活缴费等功能均集中于线上平台,则可以有效解决这些问题。兰考将普惠金融数字化和平台化,不仅有效解决了传统金融模式在效率和成本方面存在的不足,同时大幅提高了金融服务的覆盖面和可得性。同时,由于服务平台向全部金融机构开放,明显促进了金融服务由垄断、封闭和单一向竞争、开放和多元的转变,保证了农民获得的金融产品和服务成本更低且更丰富。同时,兰考开发了普惠金融三级服务管理系统,通过线上技术将农户、县乡村三级服务体系、银行等普惠金融参与方紧密联系起来,推动县域普惠金融服务线上化。以普惠金融三级服务管理系统数据为支撑,整合全县金融指标数据,打造以兰考县普惠金融改革试验区"一平台四体系"工作内容为核心、以可视化模型为主要形式的动态监测平台。

2. 健全金融服务体系,疏通普惠金融的末端梗阻

除了线上普惠金融服务平台外,健全的金融服务体系还应包含能触及"中小微弱"群体的线下基础金融服务。兰考通过"4+X"功能("4"是指数字普惠金融推广和基础金融服务、贷款推荐和贷后协助管理、信用信息采集和失信联合惩戒、政策宣传和金融消费权益保护,"X"则是指各主办银行供给的特色金融服务)普惠金融服务站的建设(谢利、叶松,2019),将金融服

务半径不断延伸，使那些留守农村和偏远山区的老年人同样可以便利享受金融服务，疏通了普惠金融的末端梗阻。将普惠金融纳入政府公共服务，建立县、乡、村三级联动普惠金融服务体系，构建"基层党建＋普惠金融"服务平台，解决农村地区银行网点少、覆盖率不足问题。

县级层面，成立县金融服务中心，建设数字普惠金融小镇，引导县域金融机构入驻，推动打造一站式综合金融服务。

乡级层面，在16个乡镇（街道）设立乡级普惠金融服务中心，选派金融机构业务骨干到各乡镇挂职金融副乡长，开展业务指导，服务中心入驻便民服务大厅，配备1名金融专干和1名大厅工作人员，专项开展普惠金融工作。

村级层面，在464个行政村，依托党群服务中心建设普惠金融服务站，由村级协管员开展日常工作，延伸金融服务半径，主要发挥"4+X"功能。实行主办银行制度，开展业务培训，配套出台服务站工作制度，规范服务站运营，提升村级服务站服务质量。同时，发动驻村工作队员和包村干部进入普惠金融工作的先锋队和宣传队，深入田间地头，宣传金融政策。如今，村级普惠金融服务站已成为推送普惠金融服务的"桥头堡"，让农户切实体会到普惠金融政策带来的实惠，普惠金融"驻"到了百姓心里，"联"住了党群血脉。通过构建县、乡、村三级金融服务体系，兰考如今基本实现了其在普惠金融改革试验区总体方案中确立的"普惠金融服务站村村全覆盖、普惠授信户户全覆盖、数字普惠金融服务人人全覆盖"的"3个100%全覆盖"目标。

3. 搭建普惠授信体系，打破普惠金融的信息瓶颈

围绕"龙头企业做两端，农民群众干中间，普惠金融惠全链"的产业增收模式，强化银行信贷资金与产业的对接，支持乡村产业发展。

针对一般农户信用记录空白、农村地区缺少信用信息导致的信贷难题，兰考采用逆向思维，变"信用+信贷"为"信贷+信用"，创新推出普惠授信小额信贷产品（谢利、叶松，2019）。凡是农户符合"两无一有"，即无不良信用记录、无违法犯罪记录和不良嗜好以及有产业发展意愿，即可获得额度3万~10万元的普惠授信，"一次授信、三年有效、随借随还、周转使用"，已放款10.3万笔48.1亿元，该模式被全省复制推广。通过推广"信贷+信用"，创新普惠授信，按照"宽授信、严启用、严用途、激励守信、严惩失信"原则，各金融机构创新推出普惠授信小额信贷产品，在发放给农户贷款的同时，与农户建立信用关系，从而实现信用和信贷互相促进。各银行支持农业产业新产品、新服务不断涌现，创新"民族乐器贷""大棚贷""蜜瓜贷""红薯贷""豫农贷""极速贷"等特色信贷产品。大数据运用方面，与网商银行合作，开发线上产品"兰考普惠"数字农

贷，2023年放款29.9亿元；与农商银行合作，开发纯线上产品"兰惠快贷"（现已在全市推广，更名为"汴捷贷"），已为4.4万人提供35亿元授信。

引入农业信贷担保助推农业高质量发展。兰考县争取成为全省首批农业信贷担保助推农业高质量发展试点县，并协同省农业信贷担保公司进一步优化担保政策，已发放农业信贷担保贷款14.2亿元。

创新村集体经济融资模式，针对村股份经济合作社融资需求，引导金融机构构建符合传统农村集体经济组织特点的融资模式，农行与省农担公司合作构建村集体融资模式，落地全省首笔直接村集体经济融资贷款。同时，探索优化村集体融资模式，工行与土地托管三方公司合作创新村集体经济授信模式，齐鲁村镇银行采取村干部担保形式简化融资流程，村集体贷款政策均已落地。

针对绿色畜牧产业，创新智慧畜牧贷，落地活体牲畜抵押融资模式，支持县域绿色畜牧产业发展。协调农行针对县域养牛产业养殖户、合作社、企业开发活体抵押贷款，落地全市首笔活体抵押贷款30万元，目前已成功发放活体抵押贷款630万元。

4. 完善信用信息体系，培育普惠金融的深厚沃土

一是开展"三信"评定。2017年开始，在县人行成立信用

信息中心，依托河南省农村和中小企业信用信息系统，多次采集农户、中小微企业信用信息，农户信息涵盖168项指标、中小微企业信息涵盖447项指标，系统开发信用评级功能，供金融机构查询。同时，组织开展信用户、信用村、信用乡镇评定（"三信"评定），农户评级分为 A 级、AA 级、AAA 级，分别对应 3 万元、5 万元、8 万元普惠授信额度。目前，"信用户"评定覆盖 83.06% 的农户，"信用村"评定覆盖 68.68% 的行政村。

二是实施信用信贷相长行动。将信用体系与普惠授信紧密结合，引导农民在使用贷款中积累信用记录、培养信用习惯，实施守信激励，对按时还本付息农户适度提升信贷额度，实现信用与信贷互促相长的良性循环，提升农户守信用信积极性。

三是开展"社会荣誉＋金融服务"信贷模式。综合运用政府部门、社会团体等的评优评先成果，开发信贷产品，提高荣誉获得者的授信额度，争取省农担公司将获得县级（含）以上表彰的劳动模范、三八红旗手、五一劳动奖章获得者、青年五四奖章获得者等的先进模范人物和致富带头人的年担保费率降至 0.5%，提升荣誉吸引力和含"金"量，引导群众树立诚实守信道德风尚，形成良好社会风气与金融生态相互促进的良性循环。

5. 筑牢风险防控体系，突破普惠金融的风险制约

尽管对于扶贫贷款等政策性贷款，政府均会与银行共担风

险，例如政府以担保基金、风险补偿金等方式，按固定比例分担风险，但是在县级层面，普遍存在财政实力较弱、资金筹措能力不足等问题。因此，银行对发放政策性贷款的顾虑较大，积极性并不高。设计科学的风险分担机制成为调动金融机构开展普惠金融服务积极性的关键。

在筑牢风险防控体系方面，兰考进行了如下五个方面的探索。一是建立风险分担机制，构建包含银行、政府、保险公司、担保公司的"四位一体"风险分担机制。其中，银行的风险分担比例随着不良率的上升而递减，而政府的风险补偿比例则随着不良率的上升而递增。同时，为了加强激励引导，中国人民银行将再贴现、再贷款窗口下沉到县里，从而通过提供低成本资金，鼓励银行发放普惠授信贷款；兰考县财政出资设立了3000万元还贷周转金和7575万元贷款风险补偿基金（谢利、叶松，2019）。二是设立风险预警机制，充分发挥村"两委"干部、协管员对村民日常活动和信用状况较为了解的优势，开展贷款审核、项目走访、还款提醒、不良催收，形成"贷中贷后有管理、信贷风险有预警"的长效机制。三是创设风险熔断机制，设立普惠授信不良贷款隔离点，对普惠授信不良率超过4%的乡镇和超过5%的行政村暂停新增授信，有效控制潜在风险。四是建立失信惩戒机制，出台《金融领域失信惩戒办法》（失信惩戒"铁五条"），将失信者列入失信被执行人黑名单，5年内不予新增授信，并限制参与评选社会荣誉，提升失信成本。五是建立联合追偿机制，成立公安、法院、金融等多部门参与的联合追偿小组，对不良贷款严格依法追偿，维护县域金融生态。

（三）兰考县普惠金融改革试验区的实践成效

兰考县金融服务覆盖面、可得性、满意度持续改善，群众对普惠金融的获得感显著增强。金融服务在便捷、普惠、有效地送达群众的过程中，实现了与农村产业、乡村治理的深度融合，有力助推了兰考率先脱贫与乡村振兴，成为兰考农业农村高质量发展的重要支撑。

1. 兰考县普惠金融发展指数居全省第一，群众获得感不断增强

自兰考县普惠金融的"一平台四体系"模式形成以来，其"政府引导、市场主导、广泛参与、合作共赢"的普惠金融推进机制不断完善，农村地区金融服务效率低下、成本高昂等问题得以解决，普惠金融发展指数自2017年跃居全省第1名并保持至今。《2023年兰考县国民经济和社会发展统计公报》显示，2023年底，兰考县金融机构各项存、贷款余额分别为445.95亿元、440.71亿元，较试验区建设之初分别增长140.6%、276.3%，存

贷款指标稳居开封市首位，金融服务乡村振兴能力持续增强。2019年，普惠金融兰考模式入选中共中央组织部编写的《贯彻落实习近平新时代中国特色社会主义思想在改革发展稳定中攻坚克难案例》以及中央党校的教学案例，并由银保监会普惠金融事业部发文推广。同时，该模式被中央媒体多次报道。

2."一平台四体系"模式不断深化，数字化普惠金融全面铺开

一是协同金融机构开发推广线上审批授信模型，目前县域农行、邮储银行、中原银行等多家大中型银行可实现普惠金融贷款系统自动审批。引导县农商行结合县域政务大数据，开发纯线上产品"兰惠快贷"（现已在全市推广，更名为"汴捷贷"），已为4.4万人提供35亿元授信。

二是充分发挥数据信息作用，助推农商行深入开展整村授信。推动农商行与大数据局合作，对接政务大数据，利用户籍、扶贫、法院执行人、涉诉（判决）、行政处罚、土地流转、房产、机动车、税务、社保、公积金等各项政务数据信息作为支撑。同时，推动农商行进村入户走访开展信息采集，助力农商行优化线上审批模型，提升授信精准度。计划利用3年时间完成"整村授信"全覆盖。

三是引导金融机构逐步将线上产品加载到"兰速办"政务

服务小程序，推动落地普惠金融授信线上审批功能，实现普惠金融与数字政务有机结合，提升普惠金融覆盖面和便利度。

3. 主要经济金融指标显著改善，经济金融良性互动

在普惠金融的助力下，兰考县的经济金融指标显著改善，2018年地区生产总值达到303.65亿元，同比增长8.1%，2023年地区生产总值达到410.48亿元；对应的城镇居民人均可支配收入，2018年为25029元，同比增长8.5%，2023年达到32472元，同比增长3.7%，增速均高于全省、全市水平。[①]

金融机构存贷比也发生明显的变化。2016年末兰考县金融机构存贷比为63.19%，2019年末增至76.66%，上升了13.47个百分点。兰考县农户获贷率也比试验区建设前提高了34.82个百分点，金融服务覆盖面大幅提升。[②]

4. 促进农村金融多元转变，全面助力乡村振兴

一方面，兰考县不断推广"龙头企业做两端，农民群众干中间，普惠金融惠全链"的产业增收模式，以"十链百园千基地"为依托，大力发展特色产业，培育家庭农场、农民合作社等新型农业经营主体。通过入股分红、托管服务和订单农业等模

---

① 2018年和2023年《兰考县国民经济和社会发展统计公报》。
② 2016年和2019年《兰考县国民经济和社会发展统计公报》。

式，将群众和村集体融入农业产业链，拓宽劳务收入的渠道，增加土地流转收入，从而让更多农民通过参与产业而增收致富，壮大村集体经济。兰考县成功创建全国绿色食品原料标准化生产基地，被评为河南省农产品质量安全县。

另一方面，兰考县通过降低申请门槛，使创业者能公平、透明、及时地申请到创业担保贷款，从而增加创业担保贷款的可获得性。"一平台四体系"的兰考模式通过数字金融与传统金融共同发力，较好地解决了农民贷款难、信息采集难、风险防控难等问题。例如，兰考县堌阳镇范场村的徐农户于2018年被评为3A信用户，顺利获得第一笔10万元免息贷款，开启创办琴坊的创业之旅。如今，该琴坊一年可生产古琴等乐器700多台（把），产值近300万元。

二 对其他普惠金融改革试验区的经验借鉴

（一）以人为本是核心

"普及金融、惠及人人"与坚持以人民为中心的发展思想高度一致，可以说，新时代"人民金融"的核心即普惠金融。普惠授信、普惠金融服务站建设等措施，使得金融成为密切党群干群关系的纽带。通过信贷和信用相长行动，营造了"守信财源滚滚、失信寸步难行"的社会氛围，使得诚实守信成为新的社会风尚，金融成为乡村治理的一个重要抓手。通过普惠金融知识普及和普惠金融能力建设，人民群众的金融观念和金融素养明显提升，越来越多的农民学会了运用金融创业致富。

（二）改革创新是根本

当前金融领域的薄弱环节、难点痛点均是普惠金融服务的重点，因此，发展普惠金融不能拘泥于条条框框和传统，必须创新方法和方式，从顶层设计、全员参与和能力培育等方面统筹考虑，用新机制、新模式和新路径突破困境，打通普惠金融的"最后一公里"。兰考普惠金融模式，是对现有金融运行规则机制的创新，"信用＋信贷"的传统思维转变为"信贷＋信用"，从而巧妙地解决了农民贷款难和贷款贵的问题，使所有农民均能够方便享受小额信贷。

（三）产融结合是基础

产业兴旺是乡村振兴的重要基础，也是促进农民增收的关键所在。产业兴旺离不开金融"活水"灌溉，农村金融健康发展同样依赖农业产业稳定成长。兰考紧抓产业兴旺这个关键，围绕县域特色产业，不断开发优化金融产品，推出"民族乐器贷""蜜瓜贷""大棚贷""政银担""乡村振兴贷"等一系列支持县域农业产业发展的信贷产品，同时扩大农业担保覆盖面，解决农业产业担保难题，进一步降低农业产业资金成本，强化农村金融与产业对接，实现了金融与产业的互促共长。

（四）数字赋能是良方

普惠金融服务的对象大多是中小微企业，单笔服务金额小，单个客户服务成本高，既缺信息、缺信用，又缺有效抵押担保物，具有服务效率低、成本高、风控难等特点。以互联网、大数据、云计算、人工智能等为代表的数字技术的发展和应用，使普惠金融的"长尾效应"得以充分发挥，使个性化金融服务的提供和业务的可持续发展成为可能。同时，基于建立的大数据信用信息体系和农户电子信用档案，可运用数字技术对客户精准画像，从而从根本上改变传统风险防控的模式，使得金融服务的效率更高、边界更宽、对象更精准。

（五）多方合力是关键

推进普惠金融发展是一项复杂的系统工程，需要从机制、产品、服务、激励约束等多个方面入手，发挥产业、财税、金融、监管等政策合力，做到普惠金融与乡村振兴、普惠金融与产业发展、普惠金融与政务改革、普惠金融与信用体系建设、普惠金融与激励约束政策有机结合。需要通过规章制度明确各参与方的权责分配，制定产业发展和乡村振兴规划，引导资金投向，并通过财政奖补、税费减免、政府性融资担保、农业保险、贷款贴息、金融监管等激励约束措施，鼓励更多市场主体参与推进普惠金融发展，最终取得实效。

（六）合规意识是保障

当前，国家高度重视普惠金融发展，然而，一些不法机构打着普惠金融的幌子从事非法金融活动，给大量普通金融消费者造成伤害的同时，也大大影响了普惠金融的健康发展。为促进普惠金融健康发展，要坚决打击披着数字外衣的非法金融活动，健全金融消费者权益保护机制，密切防范诈骗者和不法分子等披着互联网金融的外衣，打着普惠金融的旗号，提供虚假收益金融产品。加强金融消费者权益保护监督检查，及时查处侵害金融消费者合法权益行为。

三　普惠金融发展面临的现实挑战

（一）从需求层面来看，我国普惠金融发展仍有很大提升空间

一是从普惠金融的参与率来看，我国家庭商业保险参与率、正规信贷参与率等仍然偏低。根据世界银行界定标准，普惠金融包括储蓄、信贷、支付和保险四个维度。2021年中国家庭金融调查数据显示，按照家庭储蓄维度，我国拥有活期存款家庭占比为62.0%，拥有定期存款家庭占比为24.9%，家庭金融市场参与率不高；按照家庭信贷维度，我国家庭正规信贷参与率为12.6%，非正规信贷参与率为14.3%，正规信贷难以满足普通家庭的信贷需求；按照家庭支付维度，我国移动支付普及率达到86.0%，位居全球第一，但仍有近两亿人尚无移动支付，数字鸿沟成为困扰家庭移动支付的一大难题；按照商业保险维度，我国家庭商业保险参与率为18.0%，低于世界主要发达国家。

二是小微企业、个体工商户、农户仍然面临融资难等问题。2021年，中国家庭金融调查数据显示，家庭经营的个体工商户、农户等样本中正规借贷的比例为20.2%，非正规借贷的比例为20.0%，家庭经营对非正规借贷的依赖较大，普惠金融发展尚有很大潜力。从农户来看，正规借贷的比例为17.2%，非正规借贷

的比例为 20.4%，非正规借贷的参与比例高于正规借贷，农村普惠金融发展尚有很大空间。

（二）国有商业银行县级分支机构权限不足

调研团通过走访调研发现，在普惠金融改革试验区，各国有商业银行业务审批权限、产品创新权限普遍上收。一是县级分支机构审批权限低，额度超过审批权限后上级机构审批慢，办理效率低。二是贷款期限以 1 年期为主，期限较短，与产业发展资金流转周期不匹配，市场主体每年还款时，资金周转压力较大，影响正常生产经营，而县级分支机构没有结合县域产业发展周期创新融资产品和服务的权限。

（三）大数据作用发挥不充分，影响普惠金融服务落地精准性、效率和成本

一是数据壁垒依然存在。部分垂直部门核心数据纳入大数据库还有困难，银行系统与大数据平台对接需各银行总行层级操作，县级部门、各金融机构县级分支机构均无权限。二是数据资源价值发挥尚有不足。随着数字金融迅速发展，各金融机构上级机构逐步开发线上审批信贷模型，但与县域产业发展需求相比，

线上信贷产品仍然较少，覆盖面窄、普适性不足，难以覆盖县域小微企业、农业生产经营主体融资需求。

（四）普惠金融服务重点领域仍存在难点堵点，相关研究建设仍需深入

普惠金融的一个重要目标，就是增强对城镇低收入人群、困难人群、农村贫困人口、创业农民、创业大中专学生、残疾劳动者等的金融支持，完善对特殊群体的无障碍金融服务。然而，普惠金融发展，既面临信息不对称、信用不对称、信心不对称，以及乡村发展的基础薄弱等堵点和难点，又存在经济绿色低碳转型和科技创新等新的挑战。在普惠金融改革试点陆续到期的背景下，亟须适时将试验区升级为示范区，针对普惠金融发展中出现的一些根本性和基础性的问题和难点堵点，开展和探索普惠金融改革示范区建设。

四 普惠金融改革试验区未来发展方向

兰考县普惠金融改革试点工作取得了积极的成效和宝贵的经验，为下一阶段普惠金融改革试验区的发展提供了重要借鉴。但是，也需要客观认识到，普惠金融改革试点仍面临多方参与试

点的制度合力有待加强、数字普惠金融综合服务平台发展过程中存在信息割裂、普惠金融风险分担机制有待健全等挑战，需久久为功，持续破解。站在新的历史起点上，应继续认真贯彻落实党中央、国务院重大战略决策，在新发展理念统领下，持续推动普惠金融改革试点建设提质增效。

（一）突出"补短板"，支持薄弱环节、重点领域发展，推动普惠金融改革试点行稳致远

一是鼓励国有商业银行下沉服务重心，适度扩大县级分支机构信贷审批、产品创新等经营权限，积极开展农村金融产品和服务创新。二是充分利用政策性、开发性银行资金成本低、贷款期限长的优势，探索国开行、农发行与商业银行合作支持乡村产业发展和基础设施建设新模式。三是加大乡村振兴产业兴旺融资保障力度。开展供应链金融试点，依托农业产业龙头企业，探索龙头企业与上下游中小企业间"多级信用传递"模式，为上下游农业经营主体提供高效便捷的供应链金融服务。结合乡村振兴特色产业、主导产业，创新融资模型，探索融资服务从主体信用评估模式向"信用+动产价值/应收账款/订单"等多元评估模式转变，满足产业链上市场主体多层次、全生命周期金融需求，赋能农业产业现代化。

（二）注重"强弱项"，提升普惠金融科技水平，深化金融科技应用，助推数字普惠金融发展

一是强化数字平台建设。支持普惠金融数字化平台建设，打造集金融服务、风险防控、政策发布、信用信息等功能于一体的综合性平台，提升数字普惠金融服务能力。二是国家或省级层面打通部门间数据壁垒，推动银行与大数据平台实现互联互通，动态了解企业发展情况，降低贷后管理和风险管理成本，助力金融机构更好结合大数据开发、完善线上信贷产品和服务，提升普惠金融精准性、普适性。三是健全普惠金融重点领域信用信息的共享机制，鼓励金融机构与核心企业、小微企业、物流仓储等供应链各方开展信息协同，鼓励金融机构与数字化平台对接搭建线上场景，紧贴乡村振兴各个领域需求来提供高质量普惠金融服务。探索数字平台的市场化运作模式，为全国地区性平台建设提供可借鉴的经验。四是深化农村无障碍数字金融服务体系建设，支持数字普惠金融与数字政务有机结合，促进与日常生活密切相关的金融服务更加便利。五是完善数字乡村场景生态，针对畜牧养殖、农产品流通、全域旅游等"三农"重点领域研发智慧场景平台，更好满足农村数字化服务需求。

（三）着重"固底板"，加强金融风险防控，着力防范化解重点领域金融风险

一是完善金融风险防控机制。坚持早识别、早预警、早发现、早处置，探索地方政府金融风险应对处置机制建设，促进公安、检察院、法院、财税、金融、网信、市场监管等相关部门在重要信息共享、政策协同、舆情监测、维护稳定、应对突发事件、化解风险等方面加强沟通联系，畅通信息共享渠道，凝聚工作合力，协同化解处置风险。二是加强金融机构内部治理机制建设。强化政策引导，推动地方法人金融机构完善公司治理结构，提升法人治理水平，确保职责清晰、风险控制有效、激励约束匹配、信息披露制度完善，形成有效制衡、协调运转的现代公司治理机制。三是健全数字普惠金融监督管理体系。将数字普惠金融全面纳入监管，坚持在审慎监管前提下发展数字化业务。优化普惠金融监管考核指标和贷款风险权重、不良贷款容忍度等监管制度，健全金融服务乡村振兴专项监测和考核评价机制。

（四）充分"扬优势"，开展专题研究，适时升级普惠金融示范区

一是加强对试点地区重点改革任务的专题研究，就数字技

术赋能普惠金融发展、普惠金融提升民生领域金融服务质量、普惠金融支持重点产业公正转型、普惠金融助力乡村振兴战略有效实施、普惠金融与绿色金融融合发展、普惠金融助力农业绿色低碳生产等重大课题开展专题研究，为推进试点地区相关工作提供理论和实践支持，在充分吸收全球范围内有益经验的基础上，确保试点建设紧密围绕当地资源禀赋开展，促进试点建设稳起步、准发力。二是优化营商环境，引导普惠金融支持创业。积极推进家庭创业，为创业营造更好营商环境。帮助低收入群体通过家庭经营增加收入，支持普惠金融为低收入群体开展家庭经营保驾护航。积极带动非农就业，支持农村剩余劳动力有序流动，利用普惠金融为农村居民从事非农就业提供更好政策环境。三是适时将试点升级为示范区。为充分调动基层主观能动性，可适时将改革成效显著，且有条件、有能力进一步深化改革的试点升级为示范区，就普惠金融发展中出现的一些根本性和基础性问题以及难点堵点开展普惠金融改革示范区建设，升级示范区过程中严格限制准入门槛（中国人民银行研究局课题组、周学东，2023）。因地制宜探索财政支持普惠金融发展的有效途径，优化普惠金融服务创新模式，建立普惠金融健康发展长效机制，树立标杆、打造样板、先行先试，形成可复制、可推广的经验。

第七章

城乡融合视域下的乡村振兴：
基于林州和中牟调研

乡村振兴已经成为当前"三农"工作的重要方面。在城镇化进程不断推进的背景下，乡村振兴必须坚持城乡融合的发展方向。党的二十大报告指出，要"全面推进乡村振兴……坚持农业农村优先发展，坚持城乡融合发展，畅通城乡要素流动"。其间，要合理定位农村产业项目与其中的政企关系（贺林波、谢美娟，2021），更好地利用土地、人才等要素支持农村发展（李卓等，2021；李怀，2022）。为了从现实情况出发探究推进乡村振兴的有效路径，发现其中存在的问题并思考解决途径，中国社会科学院财经战略研究院课题组于2021年9月赴河南开展国情调研，主要围绕林州市、中牟县开展调查研究。

林州市地处河南、山西、河北三省交界处，是红旗渠精神的发祥地，拥有较好的山水生态资源。林州市也是著名的"建筑之乡"，有大量农村青壮劳动力在全国各地从事建筑劳动，当地农民人均纯收入及居民存款余额的大约60%来自建筑业。2022年，林州市共有户籍人口113.0万人，常住人口93.2万人，其中城镇人口54.5万人，常住人口城镇化率为58.5%。全市地区生产总值达657.4亿元，人均可支配收入达到3.18万元。①

中牟县是郑州市的下辖县，位于郑州中心城区与开封市之间，乡村与城镇发展联动密切。2022年，全县共有户籍人口59.0万人，常住人口144.7万人。中牟县拥有耕地90多万亩，其中粮食作物种植面积约50万亩，蔬菜种植面积约40万亩。中牟县在发展大城市郊区现代农业方面特色明显，是国家现代农业示范区、国家农业科技园区（核心区），并拥有目前中西部地区最大的农产品物流交易市场"河南万邦国际农产品物流园"。2022年，中牟县地区生产总值达到1412.4亿元，居民人均可支配收入为3.05万元。

调研选取的这两个县（市）有其自身特点，在人口与经济结构等推动城乡融合发展及乡村振兴的基础条件方面具有一定代

---

① 数据资料由调研地统计部门提供，本章下同。

表性。同时，调研过程中了解到的不少瓶颈或不足在其他地区也有所体现。因此，以这两个县（市）为基础案例并结合其他地区的情况进行分析研究，有助于了解问题、分析原因并寻找对策。

一　调研县（市）以城乡融合推进乡村振兴的主要做法

（一）将美化人居环境、做好乡村治理作为突破口

推动乡村振兴必须奠定群众基础。改善农村人居环境，缩小农村与城镇之间的差距，关系到村民的直观感受和切身利益，打好这一场硬仗，能够使村民产生获得感，提升其配合镇村工作、参与各项活动的积极性。同时，做好乡村治理，形成稳定和谐的社会环境和积极向上的精神风貌，是基层组织在乡村振兴中有效发挥作用的条件，是必不可少的"软基建"。

1. 打造美丽乡村，补齐乡村环境短板

进入全面推进乡村振兴新阶段以后，持续抓好美丽乡村建设，是调研县（市）的共同做法。有受访的领导干部提出，在城镇化进程不断推进的背景下，乡村振兴"不是要让人都留在农村"，但农村应变得越来越好，使农村居民的生活品质越来越接

近城市。在一些地区，村庄道路崎岖不平、生活垃圾随意堆放、空间利用粗放无序的现象依然存在。倘若农民怨声载道，作为乡村振兴的主体，农民将失去主动性，乡村对于人才、资金的吸引力也会大打折扣，城乡融合与乡村振兴更加无从谈起。调研中看到，中牟县和林州市都将改善农村人居环境作为推进乡村振兴的"第一场硬仗"，在加大资金投入力度的同时，以上率下、发动群众，形成了村民积极响应、主动参与的良好氛围。

中牟县投入建设资金分批次推进美丽乡村打造计划。根据各村现状合理安排进度，分别划定首年、第二年及之后要完成的建设目标。其中，首年要完成建设的村又进一步分为"精品村"、"示范村"和"续建村"，第二年及之后完成建设的"储备村"也参照美丽乡村标准逐步开展创建。在接下来的工作安排中，中牟县仍将围绕"环中牟乡村振兴走廊"开展村庄整治，并将其作为一项重点任务。其中，"西线"侧重城乡接合部整治，"北线"重点提升沿黄河美丽乡村组团建设水平。同时，中牟县将旱厕改造与村庄清洁行动相结合，作为补齐短板缺项的首要任务并开展常态化督导检查，以挂图作战、对账销号的方式确保取得整治成效。这些工作的目的都是不断提升乡村风貌和人居生活质量，在优化形象、改善村民生活的同时，为地区发展奠定更好的环境基础。

林州市也将补齐农村人居环境短板作为一项首先要完成的

重点任务，连续三年将本级新增财力全部用于清洁家园建设。市级财政每年划拨专项资金，以政府购买服务的方式，由专业环卫公司完成农村垃圾的"收、转、压、运、处"，通过政企、村企衔接，实现了农村环卫保洁和垃圾收集转运的专业化运作。同时，当地建立起了常态化的多级管理与激励机制：市级电视台设立清洁家园比拼和曝光台栏目，各镇每月开展综合考核确定"红旗村"和"黑旗村"，各村则广泛开展"五美庭院"评选活动。这些做法产生了表扬先进、促进后进的效果，环境卫生也逐渐成为当地发展文旅特色产业的一张新名片。在当地，一些区位条件便利、发展基础较好的村还实现了天然气管网铺设，村民人居生活质量得到进一步提高。

2. 优化乡村治理，弘扬乡村文明新风

加强和创新乡村治理，是实施乡村振兴战略的关键环节和重要保障（周文、司婧雯，2021）。调研中了解到，林州市自2017年起率先开展村社巡察，有力推动了农村各项工作的顺利开展。巡察主要围绕上级政策落实不到位、干部腐败与不正之风、基层党组织软弱涣散等问题，以"简单问题立巡立改、腐败问题直查快办、党建问题双向交办、共性问题分类整治"为原则，不断提高整改效率，解决了大量群众的"烦心事""揪心事"。同时，当地建立"市委统领、巡察推动、部门主管、村镇

落实"的"以巡促治"机制，使巡视成为推进、改进各项工作的重要力量。村社巡察将群众上访变成干部主动下访，群众不满多、信访举报量大的问题得到了改善。村民逐渐对村集体产生信任，干群关系更加和谐，这为基层组织更好地在乡村振兴中发挥作用奠定了基础。

乡村振兴离不开村民积极向上的精神风貌，这需要优秀的乡村文化来提振农村的精气神。对此，中牟县将建立村规民约和成立红白理事会、村民议事会、禁毒禁赌会、道德评议会、孝善理事会（"一约五会"）作为乡村治理的创新举措。在开展文明村镇、文明家庭创建活动的过程中，县委及县政府领导为获评者上门挂牌，形成了重要的精神鼓励。同时，当地注重培养树立典型工作，设立"新时代文明实践基金"，利用"中牟榜样故事汇"等方式宣传模范人物事迹、弘扬社会正能量。截至2024年初，中牟县已有13人入选"中国好人榜"。为不断提升村民精神生活品质，中牟县一方面加强农村公共文化设施建设，另一方面将群众身边的事例作为素材、搬上舞台，让基层群众当演员，以群众喜闻乐见的形式来演出，潜移默化带动优秀文化传承和乡风民风改善。林州市也开展了"一镇一歌""一村一歌"活动，培育农民的文化自信。为净化文化环境，当地还开展了整治民间庙宇活动，以实事求是、分类施策为原则，根据历史价值和建造规模，分别采取保护、改造和拆除等措施。

（二）立足农村农民发展产业，发挥集体经济作用

1. 因地制宜选择乡村产业发展路径

在城乡融合的背景下，结合区域优势选择产业是推动乡村振兴的重要途径。乡村产业选择既不能脱离农村，也不能局限于农业，要在尽可能利用当地已有基础、发挥自然优势的同时吸收新的元素，实现多产融合。林州市的产业选择就体现了根据不同村庄的条件禀赋，因地制宜延伸产业链条、提升附加价值的思路。拥有水资源优势的姚村镇下里街村以生态农业为核心，打造研、学、游一体的精品田园综合体；地处太行山风景区的石板岩镇与中央美院等多家院校合作，围绕"写生基地"发展民宿产业，并提供交通、景区、保险和信贷一站式服务；交通条件较好的黄花镇魏家庄村，大力发展农家乐产业并不断进行提档升级；具有果树种植基础的采桑镇北采桑村建设了"圣果生态园"，打造"四季开花""三季有果"，集采摘、养生、娱乐、亲子活动于一体的休闲度假区。由此形成多元化、差异化的发展格局，既有助于提升乡村产业的整体水平，又可以避免重复建设和过度竞争。

2. 充分吸纳村民参与、拓宽村民增收渠道

以土地流转实现规模化运作并增加农民收入，是脱贫攻坚

阶段的一项关键举措，这一做法在接下来继续发展乡村产业的过程中仍将发挥重要作用。但在全面推进乡村振兴的背景下，要让农民作为主体参与乡村建设，就不能仅仅满足于通过土地流转产生财产性收入。下一步，既要考虑城乡融合背景下的城镇化所带来的人口流动趋势，也要为留在本地的农民提供劳动就业、施展才干的空间。调研中了解到，中牟县万滩镇的"稻草人农场"项目将发展无污染的有机种植养殖业作为核心，当地村民在获得土地流转收入的同时，又作为主要的劳动者参与到有机蔬果种植和禽畜养殖中。万滩镇还引入了"择桐盆景园"项目，主要从事盆景培育和高粱秸秆画制作。其中，高粱秸秆画工作室采取了"专业设计＋农户制作"的方式，村民可以利用农闲时间获得额外收入，盆景民宿和特色农家乐也可为农民提供就业岗位。由此，乡村产业发展给村民带来了"不离乡""不离家"甚至"不离土"的工作机会，使之成为真正的参与者和受益者。

3. 项目运营要发挥集体经济组织作用

现实中，大量的农村产业项目在导入期采取了由政府牵线搭桥、企业与农民合作的初创形式；而项目的长期运营则涉及诸多烦琐事项，且多与村民利益直接相关，这就需要村集体经济组织发挥积极作用。调研中，中牟县万滩镇的领导干部就表示，乡村振兴要"分清政府、市场、农民等多方主体的职责"，"政府给企业和群众搭桥引路，做好保障、服务，在需要时及时出现，不需要时及时隐退"。在发展过程中，要改变"重建设、轻管理"的现状，"如果村集体没有钱，就无力承担后期维护成本；通过发展产业，壮大村集体经济，就不用一味地向政府伸手"。美丽乡村的建设成果需要维护管养，乡村产业项目运营要调动农民积极性，这些都离不开村集体作用。单个农民难以在乡村振兴中发挥主体作用，而必须依托农村集体组织（郭文力、张旭，2021）。只有提升村集体组织的经营能力和经济实力，才能形成乡村振兴与发展的良性循环。调研中，林州市的"空心村"整治项目和中牟县的"萤火虫乡谣农场"都达到了增加集体经济收入的效果，有效发挥了村集体的作用，这是其得以产生良好效果的基础。

（三）地方政府统筹协调，整合利用城乡资源

1. 统筹规划，提高组织协调效率

城乡融合与乡村振兴是涉及多方面的系统工程，不仅涉及农村农业的诸多工作，还需要财政、金融、城乡规划、宣传、交通、文化等相关部门配合。要围绕乡村振兴这一新任务、新要求开展好工作，就必须建立起新的领导与协调机制。

从调研来看，以较高的站位进行统筹规划十分必要。林州

市实施污水治理的过程充分体现了这一点。当地聘请了第三方机构在较高的层次统筹制定治理规划，在大中型污水处理厂建设上做到"城区与镇区相结合"，在管网建设上采取"大管网与小管网相结合"，同时根据各村实际在污水处理上实现"大三格与小三格相结合"。全市层面统筹规划的做法既考虑了各村距离城镇的位置及当地已有设施、地形条件等具体特点，实现了"一村一策"，又保证了污水治理办法便捷、有效，提高了公共设施资金投入的整体效率。中牟县则较早地完成了《中牟县乡村振兴总体规划（2019—2035）》，后续又出台了配套措施《中牟县村庄发展建设导则》，对行政村进行详细分类并提出了具体发展要求。

以城乡融合推动乡村振兴的各项举措落到实处，离不开能够调动多方力量、多个层级的组织协调与执行机制。调研中了解到，中牟县成立了以县委和县政府主要领导为组长、县委副书记为常务副组长的乡村振兴工作领导小组，并下设"一办五大专班"，每项工作均由一名县委常委负责，以"关键少数"带动"绝大多数"；同时，当地建立了包括工作例会、观摩评比、逐级约谈等的一整套工作机制，并全面整合乡村振兴各项职能，实现了所有涉农、涉乡村振兴项目与资金由县领导小组统一协调安排。在推进美丽乡村建设的过程中，中牟县还采取了美丽村庄改造与五星支部建设结合、与美丽田园打造结合、与富民产业植入结合、与村民素能提升结合、与社会资本投入结合的"五结合"

方式，促进多项工作的综合协调。

在这一过程中，主要领导干部抓工作、基层党员做示范的做法产生了良好效果。例如，林州市县级干部坚持周末参与清洁家园活动，以"一周一村"的方式，与群众一起搞清洁、抓整治；各镇办村居党员干部带头宣传动员、践行引领。在人居环境常态化治理机制中，除了前述涵盖市、镇、村三级，体现多方协同、上下联动的特点以外，还建立了以村支部书记为跟踪问效主要对象、党员干部带头整治村居环境、发动群众参与的落实机制。

2. 调动整合城乡资源，提高要素使用效率

推进乡村振兴，要不断改善人居环境、发展乡村产业，但可以使用的资源是有限的。地方政府需要在现有的政策规定框架下有效调动城乡资源并加以整合优化，从而最大限度地发挥其价值。

调研中看到，土地问题是城乡发展中面临的主要约束，而盘活农村闲置土地，既可以为农村提供发展空间，又可以通过运营取得收益。例如，林州市采取"空心村"整治的做法来盘活闲置的土地资源，在引导村民算清账、做通群众工作的基础上，先由政府部门主导推进土地复垦。一方面拆除私搭乱建，调解宅基地纠纷；另一方面通过权属与收益划分保障村民利益，对其参与

土地整治形成激励。完成复垦之后，红旗渠集团按亩制定标准收购新增耕地指标，扣除每亩实际成本以后，镇村还可获得盈余。复垦出的土地成为可用耕地以后，又出租给种养大户形成收益。由此，原先闲置的土地被重新利用，建成了果园、游园、菜园；有一些闲置土地上的房屋也被利用起来，改造成老年活动中心、文化大舞台等。这样的做法有效提高了土地资源的利用效率，既满足了农村产业发展的需要，促进了村集体和村民增收，又为完善公共服务提供了土地，城区建设用地指标紧张的压力也得到了缓解。

乡村产业发展还面临如何综合利用多种要素并激发其活力的问题。对此，中牟县"萤火虫乡谣农场"项目采用了"全民参股+公司化管理"的方式，除了传统的"资金入股"以外，还采取了多样化入股形式。"土地经营权入股"采取与享有经营权的村民签订合同的方式，按土地面积折算股份入股并在年底进行分红。"劳动力入股"是对参加园区建设和劳动的村民按工时折合工分入股，使村民收入不再是固定的工资形式，而与取决于长期经营效益的农场年底分红联系了起来。"农机入股"是将村民的农业生产机械根据市场价格进行估价并折算入股。"人才技术服务入股"以对接现代农业技术为目的，将技术专家在先进技术品种应用推广、虫害物理防控和土壤修复等方面的服务小时数折算股份入股。多元形式入股的做法形成了利益共同体，既调动了村民参与产业发展的积极性，又充分整合了多方面资源，产生了协同效应。2018~2020年，合作社亩均收益由1860元增加到7550元，农户也逐步转型为有文化、懂技术、会管理的新型职业农民。

乡村基础设施建设与产业发展都离不开资金支持，既要确保财政专项经费规模，又要充分发挥金融机构作用，拓宽资金来源渠道。调研中了解到，中牟县一方面安排重点项目经费和乡村振兴工作专项经费，另一方面不断发挥财政资金的杠杆、引导作用，具体做法包括构建贷款风险补偿机制、配合业务单位争取债券资金和上级资金支持等。同时，当地还进一步简化办事流程，为资金拨付项目开通绿色通道。在金融方面，中牟县在2019年底印发了《普惠金融工作实施方案》，重点满足农户及农业主体的小额信贷和金融服务需求。借助2020年当地农商银行上线的"牟商快贷"系统，用户还可以迅速完成综合测评，生成授信额度和贷款利率，贷款流程更为简便。

二 城乡融合背景下乡村振兴面临的问题和瓶颈

在调研中，也发现了城乡融合背景下乡村振兴推进中存在的问题和瓶颈。其中，有一些是城乡间人口流动等因素带来的，有一些则涉及制度环境和机制建设，主要包括以下几个方面。

（一）乡村人口减少较快，长期发展面临约束

在被调研的县（市），农村人口外流的现象较为普遍。一些镇村产业发展较为成功，领头人带动下的村民发挥了重要作用。而若适龄劳动人口不断流失，未来农村的长期发展仍将受到制约。根据第七次全国人口普查数据，2020年中牟县有27.27万人居住在农村，与2010年第六次全国人口普查相比减少了6.15万人。乡村人口减少会导致村庄"空心化"现象，其带来的问题也是显而易见的：缺乏规模效应不仅会使基础设施和公共服务的提供成本大幅上升，而且会使以农村为依托的诸多传统风俗习惯及非物质文化遗产失去传承基础。

（二）农村人才较为匮乏，产业发展遇到瓶颈

乡村振兴的根本是产业，现代化农业、文旅融合产业、电商行业、市场化的合作社和农业公司逐渐兴起，需要在发展中植入大量优秀人才，特别是专业技术人才、电子商务人才、市场营销人才和企业管理人才。但是，由于农村较城市仍然存在基础设施差、公共服务不足、经济不发达等短板，青年人才严重缺乏，对产业发展形成了制约。调研中涉及的农村地区虽然采取了多项引入人才的措施，但有效激励和长效机制依然不足，

人才也难以立足农村实现发展。缺乏人才支撑将使产业振兴受到较大抑制。

（三）乡村美化投入巨大，全域推进难度较大

被调研县（市）在美丽乡村建设方面都取得了重要成就，对乡村人居环境的提升发挥了重要示范作用。但由于乡村美化投入巨大，而村庄数量众多，在全域范围内推进具有相当大难度。对于中牟这样位于城市圈范围内的县域地区，即便在高强度投资3.55亿元的情况下，能够全面启动建设的美丽乡村数量占比也不到10%。完善一个普通村的基础设施，一般也需要投资近千万元。若长效机制没有形成，在村民难以被调动起来、生活习惯短期无法转变的情况下，后期维护成本无法保障，村集体也缺乏足够的维护资金，优美乡村人居环境将难以维持。

（四）要素投入机制尚不完善，影响乡村发展效率

目前，乡村振兴要素稳定投入机制尚未建立。乡村振兴过度依赖财政专项资金，土地出让金、政府债务资金等用于乡村振兴的比例较低。由于缺乏有效激励约束机制，产业发展风险大，金融资本和社会资本对乡村产业缺乏投资意愿。乡村振兴中还存

在资金、项目分散的问题。"三块地"改革推进相对迟缓，重整土地过多用于增加城市建设用地指标，"一户一宅"制度削弱了农民宅基地流转意愿，乡村建设用地集中应用程度偏低，农业设施用地可建设设施少、审批手续繁杂。这些因素都导致乡村产业发展和公益设施用地需求难以得到满足。在调研中还看到，一些村庄因为居民点较为分散，拆迁腾空后的宅基地也只能作为停车场、绿地等而无法复垦，通过腾退获得的建设用地指标也比较有限。

（五）村民内生发展动力难以有效释放，增收困难

调研中看到，大部分农村农业产品仍面临优势不明显、产业潜力没有充分挖掘的问题，因而难以获得较高收益。一些农业龙头企业本身存在发展慢的问题，带动能力有限，产品加工深度不够，加工转化率、增值率偏低，在其中就业的村民劳务收入也相应难以提高。调研中也了解到，农产品加工企业在把握市场动向及建设销售渠道方面存在不足，导致产品销路不畅、缺乏市场竞争力的问题较为突出。还有一些经营较好的农业龙头企业自身可以获得较多收入，但作为支撑的种植结构和经营方式仍然没有摆脱传统模式限制，且村民并没有被充分带动起来，内生发展动力难以有效激发。

（六）数字乡村建设缓慢，难以有效助力乡村振兴

数字技术对提高农业生产经营效率和改善乡村治理状况具有重要作用，数字乡村建设已成为乡村振兴的重点工作。但是，由于前期投入较大，宽带网络和电脑覆盖率依然偏低。虽然数字技术在农村的应用发展较快，但仍主要集中在电子商务领域。总的来看，农村仍缺乏有效的数据获取与积累机制，加之农业生产经营者规模偏小，数字化需求不旺盛，新一代信息技术在农业生产、村民生活和乡村治理场景中的应用仍不深入。这使得数字乡村建设推进整体较为缓慢，无法有效发挥对乡村振兴的推进作用。

（七）村民参与乡村治理的主动性积极性依然不足

推进乡村治理体系建设是实现治理能力现代化的重要方面。在乡村治理中，村民自治是基础，村民应在乡村治理中发挥主体作用。但调研了解到，在一些地区，村民在乡村治理中的参与度还不高，不少还处于"被动"治理之中。有些村民仍然在一定程度上保留原有生活习惯、行为方式和思想意识，其"我行我素"的做法无法与现阶段乡村振兴的要求相适应。不仅如此，村民在乡村规划建设、环境整治和维护、村内事务决策等方

面缺乏参与，没能发挥主动性，这都不利于乡村振兴的长期有序推进。

（八）乡村振兴相关职能部门的协调机制仍待完善

乡村振兴涉及多个领域，在职能管理方面能否有效协调，在很大程度上关系到推进乡村振兴的整体效果。目前，乡村各类规划融合度不高是一个问题，表现为"纵向"的部门垂直管理和"横向"的多规并行、复杂交错，落实过程中遇到诸多困难。而且，各类规划自成体系，彼此之间缺乏衔接协调，内容甚至存在冲突，这给"多规融合"带来了阻碍，并进一步影响乡村振兴项目的实施。同时，乡村振兴涉及许多职能部门，很多工作存在多头管理、多头衔接的问题，但又缺乏强有力的牵头部门和有效的协调机制，衔接推进比较困难，给乡村振兴工作带来诸多不利影响。

三　以城乡融合推进乡村振兴的对策建议

乡村振兴是一项长期性、复杂性、历史性的系统工程，而城乡融合是推动乡村振兴的必由之路和必然选择。它需要多方力量的积极推动，仅仅靠政府或市场无法完成这一使命。政策制定者和各级政府执行者应该从村民的主体地位出发，结合地区城乡间关系及经济发展规律，针对乡村振兴所面临的矛盾和问题及时出台支持政策或者解决办法，使市场调节和政府推动在乡村振兴中共同发挥作用。

（一）以多产融合奠定乡村产业发展基础

在现代经济条件下，乡村并不能依靠单一产业的发展实现经济腾飞，区域内多产融合已成为必需。要在实现农业生产经营现代化的同时，以推动产业链延伸、产业范围拓展和产业功能转型为特征，形成新技术、新业态、新商业模式，将生产、加工、仓储、运输等聚集整合，不断延伸种养产业链条，加快同第二、第三产业融合发展。要更加重视挖掘和释放农村或农产品本身所具有的政治、文化、生态、社会功能，并引导龙头企业通过这些功能符号化、产品化来提升价值属性。在此基础上，助推休闲农业、乡村旅游、康养基地等新产业的发展。主动拥抱新技术，运用"互联网＋"思维推动产业融合发展，充分发挥互联网和电商对产业融合和产业功能提升的积极作用。

（二）基于城乡融合进程分类谋划乡村发展

在城镇化进程不断推进、一些乡村人口减少的背景下，应结合实际对村庄精准分类，谋划其发展方向，减少人为因素导致的资源错配。交通区位较好、特色资源丰富、长期发展潜力较大的村庄，应作为示范村予以重点发展、长期规划。对于位置偏僻、缺乏资源和发展前景的空心化村庄，可采取过渡性措施，逐渐引导村民向示范村集中。对于示范村要持续增加投资，努力提升人居环境和产业发展水平。而对于出现空心化现象的村庄，主要应进行基础设施改造和公共服务提升，以提高资金使用效率并为城镇化趋势下进一步的功能演化提供支撑。

（三）发展县域经济引导村民就近就业

乡村振兴要在城镇化背景下解决"人"的问题，增加本地化就业机会是重要途径。在现代交通工具日益发展和交通道路日趋完善的条件下，只要县域范围内的城镇地区能够提供足够多的就业机会，就会有大量的乡村人口选择在乡村居住而在附近的城镇就业。而且，县域自身也具有土地和空间等资源优势，具有一定的产业竞争力和就业吸纳力。因此，以制造业为主推动县域经济发展，能够培育持续的地区竞争力，进而促进乡村人口就业并实现乡村人口集聚。这既能够提升农村地区公共服务与基础设施投资效率，又能够有效避免乡村人口过度减少，使乡村获得持续发展的动力。

（四）深化"三块地"改革保障用地需求

改革是解决土地资源稀缺问题的有效手段。调研中了解到，在坚持土地公有制性质不改变、耕地红线不突破、农民利益不受损的原则下，河南省的试点县（市）在"三块地"改革试点中积累了诸多有益经验，值得其他地区借鉴。一是扩大可取得宅基地资格权的人群范围，不限于集体户籍人口，外出就业和进城落户已退出宅基地者、乡村产业发展所需人才等都可以（有偿）取得，培育宅基地市场，畅通退出和取得通道。二是实行宅基地超标准有偿使用制度，不限于一户一宅，但是对于超标准者或者一户多宅者，试行阶梯性收费，大幅增加超标准使用者成本，以提高其主动退出积极性并增加村集体收入。这些做法在尊重历史事实和坚持原则的基础上，变禁为疏，充分利用市场化机制，同时实现了公平和效率的改革目标。三是允许宅基地使用权采取多种形式跨集体流转，不限于既有用途，在不改建、不扩建的前提下，用做发展新产业新业态等经营性用途。

（五）加快改革拓展要素投入渠道

在城乡融合发展的背景下，乡村振兴更需要"城市反哺农村"。因而，要以此为出发点加快改革，通过产权边界的明确，推进乡村资源资产化，建立"政府投入为主导、村级集体经济投入为主体、社会资本投入为主力"的"三驾马车"新机制。其中，基础设施和公共服务应主要由政府来主导提供，通过财政支出稳定增长、专项债券发行、金融机构贷款支持和各类涉农资金整合，拓展资金来源渠道和扩大资金规模。要尊重农民主体地位，开展土地确权，明确资产边界，扩大集体土地和其他资源的市场化流转范围，鼓励乡村资产整合和资本化经营，不断提高农民和村级集体的乡村振兴主体地位。要突出政府投入与产业发展的协同联动，发挥财政资金的杠杆作用，畅通工商资本下乡渠道，建立多元投入的融资平台，吸引社会资本的进入。要通过明确政府、企业、农民、外来务工人员等作为市场主体的利益边界，最终形成政府、企业、村民"谁投资谁受益"的利益分配与共享机制，促进多元投入持续增长。

（六）在乡村治理中突出村民主体地位

随着城乡融合进程的不断推进，农村的生产生活方式、村内人际关系已发生巨变，传统农村社会结构的变革迫切需要新的乡村治理体系。因此，要从制度上理顺各种利益关系，平衡不同利益诉求，维护农村社会和谐稳定。要实施"能力提升"工程，根据知识水平、业务能力和政治表现确定村"两委"干部选拔任用标准，对基层干部进行培训，对村"两委"干部、驻村干部、乡村集体经济组织负责人进行轮训。要构建村民主动参与机制，加大乡村振兴宣传力度，增强村民参与意识，吸引村民参与公约制定及公约维护，切实保障村民在村民自治组织中的选举权和表决权，建立听证会或座谈会制度，畅通村民参与渠道。要开展乡风文明培育行动，建立健全村规民约监督和奖惩机制，注重家庭家风家教，推进移风易俗，重点整治农村婚丧大操大办、高额彩礼、铺张浪费、厚葬薄养等不良习俗。要在乡村治理中推广运用积分制，对村民日常行为进行评价并形成积分，形成一套有效的激励约束机制。

（七）发挥数字技术对乡村振兴的作用

相比城镇地区，数字技术红利在农村地区的释放尚不充分（王月、程景民，2021）。当前，要加大信息网络基础设施建设力度，实现行政村宽带接入全覆盖，推动基于IPv6的下一代互联网规模部署和应用，适时推进5G网络在乡村的建设，并保障农村通信网络电力供应。要建立面向农业农村的综合信息服务平台，鼓励开发适应"三农"特点的信息终端、技术产品和应用软件。要推进农业农村大数据中心和重要农产品全产业链大数据建设，整合数据资源，将涉及乡村空间地貌、农民生活方式、农业生产关系等的数据资源进行整合应用。要推动乡村管理服务数字化，加快推动"互联网+党建""互联网+社区""互联网+公共法律服务""互联网+教育"等场景应用，以"互联网+"服务促进乡村治理数字化。

（八）建立健全多部门多层级协同工作机制

以城乡融合推进乡村振兴的工作涉及面广、协调难度大。对此，应全面落实"五级书记抓乡村振兴"和党政一把手"第一责任人"机制，在各级政府和各部门成立乡村振兴领导小组或工作小组的基础上，对全县乡村振兴工作队伍分层分类，分领域组建乡村振兴"专班"。要建立乡村振兴实绩考核制度，将工作任务细化为考核指标，强化考核监督，定期总结工作情况和研究工作举措。要实行清单式管理，根据各级考核评估结果，对乡村振兴过程中做出的突出成绩或出现的具体问题进行奖励或整改。要理顺基层政府权责关系，强化基层政府服务职能，实行城乡全域联网和信息共享，通过简政放权和放管结合优化服务，提高乡村振兴工作效率。

第八章

县域经济支撑城乡融合发展：
以内乡县为例

内乡县位于河南省西南部，南阳盆地西缘，自古被誉为"入关孔道""秦楚要塞"；秦时置县，古称"菊潭"，历史悠久，文化底蕴厚重。全县总面积2465平方公里，耕地73万亩，有"七山一水二分田"之称，下辖16个乡镇，288个行政村，总人口73万人。近年来，内乡县通过"头部带动型"县域经济发展模式，从"宛西洼地"逐步变成"县域高原"，走出了一条传统农区工业化的突围之路。

一　县域经济发展基础与主要经验

近年来，面对复杂的国际、国内经济形势，内乡县以新发展理念为引领，以高质量发展为根本方向，统筹做好稳增长、调结构、促改革、惠民生、防风险各项工作，全县经济社会发展总体保持平稳健康、持续向好的态势，为"十五五"时期高质量发展打下了坚实基础，具体体现在以下几个方面。

（一）全县经济快速增长，城乡融合发展趋势显现

2019~2023年，全县经济总量从245.39亿元增长到299.54亿元，年均增长约5.1%；地方公共财政预算收入从11.80亿元增长到23.74亿元，年均增长约19.1%；社会消费品零售总额从94.67亿元增长到105.36亿元，年均增长约2.7%，消费持续发挥强劲拉动作用；常住人口城镇化率由42.69%增长到50.83%，每年增长约2.04个百分点（见表8-1）。主要县域经济指标增幅持续高于南阳市平均水平，综合经济实力逐步跃上新台阶。随着内乡县经济快速增长，农村地区逐渐成为城市产业的重要原材料供应基地和产品销售市场。以生猪养殖产业为例，农村地区的生猪养殖为牧原集团等肉类加工企业提供了丰富的原材料，形成了从养殖到加工的完整产业链。与此同时，城镇的发展也为农村劳动

力提供了大量的就业机会，促进了农村劳动力的转移就业。2023年，内乡县农村劳动力转移就业人数达到10万人，占农村劳动力总数的30%左右，劳务收入成为农村居民收入的重要组成部分。

表8-1 内乡县主要经济指标

单位：亿元，%

指标名称	2019年	2020年	2021年	2022年	2023年
地区生产总值	245.39	263.09	292.11	304.09	299.54
地方公共财政预算收入	11.80	12.98	16.32	20.47	23.74
社会消费品零售总额	94.67	89.28	97.49	99.3	105.36
常住人口城镇化率	42.69	42.69	49.33	49.91	50.83

资料来源：国家信息中心宏观经济与房地产数据库及内乡县国民经济和社会发展统计公报。

（二）产业结构不断优化，高质量发展水平持续提升

2019~2023年，三次产业比由17.0∶44.6∶38.4演进为19.8∶39.7∶40.5，产业结构进一步优化（见图8-1）。工业结构转型升级步伐加快，规上工业增加值年均增长约11.3%，工业后发优势显现。农业保持稳定增长，特色高效农业快速发展，新型农业经营主体不断壮大，农牧业逐步向产业化、集约化、规模化方向发展。传统商贸物流与新兴电商业态竞相发展，以文化旅游

业为主的服务业增长势头强劲，形成了具有内乡特色的产业结构演进态势。

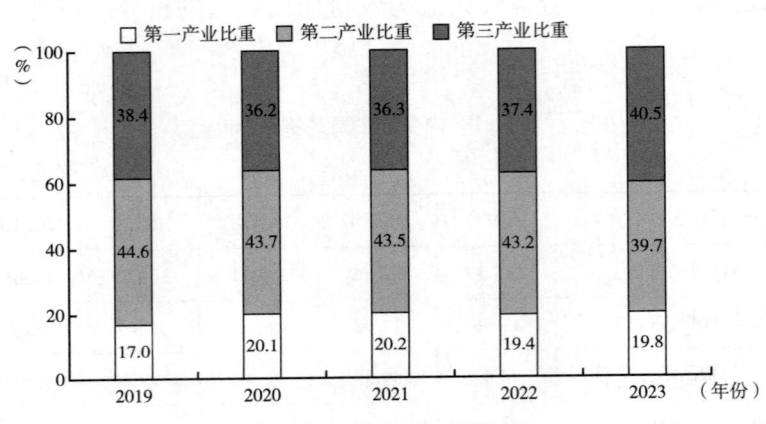

图 8-1 内乡县三次产业演化

资料来源：国家信息中心宏观经济与房地产数据库。

（三）招商引资出新出彩，项目建设快速推进

内乡县以招商引资提升和项目建设突破为契机，抢抓经济结构调整、产业转型升级、企业转移重组的机遇，创新招商模式、精准发力，掀起招商引资新高潮，初步形成了多个产业集群，成为支撑内乡经济的"四梁八柱"。内乡县招商引资模式可以总结为如下四种。①"龙头企业＋平台＋政务服务＋金融服务"模式：发挥牧原集团、仙鹤纸业等龙头企业扩张发展、链条延伸的吸附带动作用招商引资。②"市场＋平台＋资本"模式：吸

引拟上市企业将注册地迁入内乡，并向其开放部分关联市场，带动迁入企业投资内乡。③"平台＋定制化政策"模式：抓住央企战略转型机遇，以本土优势企业为平台参与战略重组，通过定制化政策促进新上项目加快落地。④"平台＋集群式转移＋技术升级"模式：打造专业园区，承载符合智能制造、产品出口等标准要求的集群转移企业，同步实现整体产业技术升级。

（四）融资体系逐步健全，要素保障坚实有力

完善融资体系是撬动县域经济跨越式发展的重要杠杆。内乡县通过构建市场化融资体系，形成了"五投两发"政府性投融资体系，分别承接光伏、养殖、土地流转、旅游、教育、棚改、交通等不同项目资金。内乡县通过完善资本市场工具体系，充分利用贫困县企业上市绿色通道政策，实施"凤凰计划"。截至2024年底，内乡县上市公司及上市公司子公司已达11家，包括牧原股份、金冠电气、飞龙股份（内乡有子公司）、仙鹤股份（内乡有子公司）等。与此同时，内乡县持续加大对土地等发展要素的调度和保障力度，超前运作县域国土综合整治及土地收储报征项目。挂图作战，梯次推进，形成"前期谋划一批、成熟储备一批、开工建设一批、竣工投产一批"的全链条滚动发展格局，有效破解了承接产业转移的土地资源瓶颈。

（五）民生福祉持续有效改善，社会事业呈现加快发展态势

2019年5月，全县97个贫困村15317户42993人全部实现脱贫。2019~2023年，城镇居民人均可支配收入从31783元增长到38308元；农村居民人均可支配收入从15119元增长到20440元（见表8-2）。内乡县"教育高地"建设持续推进，初步建立涵盖学前教育、义务教育、高中教育、职业教育、特殊教育、成人教育、网络教育的社会主义现代化教育体系。县乡村三级医疗卫生服务体系进一步完善，以乡镇卫生院为枢纽、村卫生室为网底的农村卫生服务体系持续健全，基层群众就医环境显著改善。围绕基本养老、医疗卫生、社会保障等群众普遍关心的问题，深入实施文化馆、图书馆、乡镇综合文化站等惠民工程，各项社会事业呈现加快发展态势。

表8-2 内乡县居民人均可支配收入变化

单位：元，%

指标名称	2019年	2020年	2021年	2022年	2023年
居民人均可支配收入	21127	21974	23936	25260	27008
居民人均可支配收入增速	10.0	4.0	8.9	5.5	6.9
城镇居民人均可支配收入	31783	32355	34507	35970	38308
城镇居民人均可支配收入增速	8.4	1.8	6.7	4.2	6.5
农村居民人均可支配收入	15119	16071	17574	18804	20440
农村居民人均可支配收入增速	9.7	6.3	9.4	7.0	8.7

资料来源：国家信息中心宏观经济与房地产数据库及内乡县国民经济和社会发展统计公报。

二 内乡县城乡融合发展的SWOT分析

基于"两个一百年"奋斗目标的历史交汇期和两个"五年规划"的接续奋斗期，放眼周边县（市）、河南省乃至全国，全面审视内乡县"十五五"时期城乡融合的发展环境，既有得天独厚的条件，面临难得的发展机遇，也存在明显的弱势短板，面临严峻的困难挑战。

（一）优势（Strengths）

1. 产业集群蓬勃发展，辐射能力显著增强

全县基本形成初具规模的"四大产业集群"：以牧原食品产业城、生猪综合体为中心的农副产品加工（现代猪产业）产业集群；以飞龙制造、寅兴钢构等为中心的机械电子产业集群（包含农牧装备制造）；以晋成陶瓷、英良岗石等为中心的新型建材产业集群；以煤电一体化为中心的高载能清洁能源产业集群。经过多年培育和发展，内乡骨干企业不断壮大，投资项目有序推进，产业转型升级步伐加快。为贯彻落实《国务院关于汉江生态经济带发展规划的批复》等有关精神，内乡编制了《内乡县汉江生态经济带发展规划》，以优势产业集群壮大工程、旅游强县创建工程、区域性物流中心建设工程等十大工程，重点谋划项目41个，总投资219.1亿元。

2. 生态旅游资源丰富，历史文化底蕴深厚

内乡拥有被联合国教科文组织列入世界生物圈保护区的宝天曼、中原生态养生福地云露山及二龙山、七星潭、桃花源、天心洞等自然景观，是"中国自驾车旅游品牌十大目的地"之一；拥有神州大地绝无仅有的历史标本——内乡县衙，享有"北有故宫，南有县衙""一座古县衙，半部官文化"的美称；拥有中国景观村落——吴垭石头村、纪念商圣范蠡的祠堂——商圣苑等人文景观。近年来内乡县委、县政府不断加大旅游产业的投资力度，加强景区基础设施建设，旅游景区品位进一步提升，形成了汉文化、红色文化、名人文化、山水文化、中医药文化、衙署文化、农耕文化等百花齐放的内乡特色文化体系，是远近闻名的文化旅游名县。

3. 地理区位条件优越，城乡交通网络完善

内乡位于豫鄂陕三省交界处，地处武汉城市群、中原城市群、关中城市群合围300公里的中心地带，三大城市群影响半径在此重叠，为内乡有效对接融入周边城市、提升县域经济竞争力和影响力提供了有利条件。内乡内有宁西铁路和浩吉铁路在此设站，外有已经通车的郑万高铁和入轨待建的呼南高铁豫西通道。依靠高铁优势，内乡已经形成南阳至内乡一小时经济圈，进而融入郑州至南阳一小时经济圈。同时，南阳空运优势突出，南阳机场是河南三大民用机场之一，可直飞广州、北京、上海、深圳、

杭州、贵阳、大连、昆明等城市。农村公路"百县通村入组"工程完成233公里，城乡客运公交化实现全覆盖，荣获全省首批"万村通客车提质工程示范县"称号。南阳独特的区位条件和不断完善的交通体系，有助于内乡吸引人流、物流、资金流、技术流、信息流，进而实现这些要素的交叉汇集和高效配置。

4. 要素保障能力提升，公共服务日益完善

近年来，内乡县在能源供给、物流仓储、金融服务、政务服务方面的保障能力显著提升。在能源供给方面，内乡煤电运一体化火电项目成功装机，并列入省政府煤电项目投产计划；规划建设了分布式光伏、集中式光伏发电项目，发展了光伏、风能、水能和储能产业，正在形成多能互补增效的用能格局，凸显能源供给成本优势。在物流仓储方面，内乡正加速构建区域性重要物流节点，从而产生虹吸效应、先发优势、边际成本递减效应，这些效应和优势一旦形成，规模越大成本越低、成本越低规模越大的良性循环就会出现。在金融服务方面，牢固树立"经济发展、金融先行"的理念，以打造区域性金融高地为抓手，利用金融资本的磁铁效应、杠杆效应和资本市场独特的综合作用，促进县域经济总量和质量大幅提升。在政务服务方面，以明确行政职权对应的责任事项为重点，着力构建权界清晰、分工合理、运转高效的行政体系，有力推动了"互联网+政务服务"改革。

(二)劣势(Weaknesses)

1. 工业化进程相对滞后,经济增长内生动力不足

内乡经济发展的初级性和依赖性特征明显,制造业综合实力不足。当前,内乡工业企业大部分还是以传统产业为主,高、精、尖、名、特、优产业少,企业缺乏核心竞争力,产业转型升级、产品结构调整的任务非常繁重。主要表现在主导产业增加值占比低,主导产业投资比更低,产业集聚度不高,产业集聚区税收减少,传统的高耗能、资源型产业占比过多。以高端制造、智能制造为代表的高新技术产业和战略性新兴产业规模不大,尚未形成有效支撑,面临着壮大产业规模与推进产业转型升级的双重任务。综合来看,内乡仍处于工业化前期向中后期演进阶段,工业对大城市建设的支撑作用亟待进一步提升,特色优势资源有待转化为工业经济增长的内生动力。

2. 创新能力相对薄弱,经济高质量发展有待加强

高新技术企业、创新型企业少且水平不高,科技创新平台不多、实力不强,省级以上工程及研究中心、重点实验室、院士工作站较少。科技成果的孵化、转化能力不强,科技投入效能不高,科技创新的引领作用发挥不到位。产品科技含量低,市场开拓能力不强,整体处于价值链低端。重点产业、重点领域人才

总量不足，人口尤其是人才外流现象严重，特别是农牧业技术人员、基层教师和医护人员相对缺乏，制约了产业结构升级和经济社会高质量发展。

3. 城镇化进程较为缓慢，城市管理的精细化有待提升

内乡城镇化率不高，截至2023年末，内乡常住人口城镇化率为50.83%，河南省是58.08%，全国是66.16%，比河南省低7.25个百分点，比全国低15.33个百分点。按照达到70%的城镇化率计算，内乡的城镇还需要吸纳约10万人，但目前县城基础设施和公共服务配套滞后，教育、医疗、体育、养老等服务设施供给不足。城市框架没有搭建好，功能不完善、布局不明晰，城市管理精细化程度不高。

（三）机遇（Opportunities）

1. 多种荣誉叠加带来新机遇，有助于经济借梯登高、借势发展、借力跨越

内乡县被联合国工业发展组织授予"绿色产业示范区"、中国绿色食品协会列为"国家绿色农业示范区"、生态环境部授予"生态农业示范区"，还获得"中国县域旅游品牌百强县"（2007年）、"亚洲金旅奖·大中华区最美人文休闲旅游名县"（2015

年)、"2017百佳深呼吸小城"(2017年)、"国家高效节水灌溉示范县"(2019年)、"河南省万村通客车提质工程示范县"(2019年)、"国家卫生县城"(2020年)等荣誉称号。一系列荣誉叠加为内乡县带来不少机遇。

2. 双循环战略的提出,有助于实现经济更高质量、更有效率、更加公平、更可持续增长

我国经济已由高速增长阶段转向高质量发展阶段,在新发展理念的指引下,经济正加快转变发展方式、优化产业结构、转换增长动力,发展方式逐步由依靠投资、劳动力等要素转向依靠技术进步。尤其是我国适时提出了加快构建以国内大循环为主体、国内国际双循环相互促进的新发展格局。在世界格局调整的过程中,内乡县经济体量较小、经济结构较为简单、政策拉动效果明显,有助于形成新的发展动力和模式,经济朝着更高质量、更有效率、更加公平、更可持续的方向发展。

3. 新技术革命影响广泛而深远,有助于利用技术和市场来实现经济可持续、跨越式发展

以5G为代表的信息与通信技术和人工智能正在深化新的工业革命乃至引发经济模式的变革,数字经济与智能经济也是"十五五"时期引领我国产业现代化发展的新动力。新技术革命

在扩大区域之间发展差距的同时，也为后发地区利用信息技术和多样化细分市场等加快发展提供了条件。通过跟踪、引用、最大限度地应用新技术成果，内乡县有望在智能养猪、智慧物流、3D打印建筑等领域实现更高质量发展、更高程度跨越。

4.下沉市场潜力得到有效释放，有助于带动产业高质量、集约式转型升级

农村创新创业带头人培育行动、农民工等人员返乡入乡创业等相关政策的出台，将促进城市资本下乡、产业下沉、消费下沉，为扩大内需、乡村振兴创造机会，为乡村发展注入新的活力。内乡县乡村人口比重高，下沉市场潜力较大，有望把握下沉市场发展的历史窗口期，通过内需带动产业结构调整，进而促进经济跨越式、高质量发展。

（四）威胁（Threats）

1.资源环境制约因素显著，开发与保护之间的关系难以妥善处理

在新发展理念和资源环境的制约下，粗放式和资源消耗式的发展模式已经不适应新时代需要。内乡县属于国家重点生态功能区，承担着对风景名胜区、自然保护区以及湿地、水源地等

重点生态功能区的水源涵养功能。建设用地和项目审批非常严格，部分项目推进与自然保护区条例相冲突，致使建设用地审批和项目推进受到一定程度影响。妥善处理好开发和保护的关系，实现城乡建设、产业发展、资源节约和生态环保同步的任务十分艰巨。

2. 区域经济发展竞争加剧，资源、资金、人才汇聚的难度增加

当前，内乡县和周边兄弟县均处在推进产业转型升级和高质量发展的重要时期，竞相发展、相互赶超的竞争格局日益明显，在资源、资金、人才等方面的争夺日趋激烈。郑州、武汉、西安等城市的虹吸效应日趋明显，相继出台了一系列优惠政策，致力于打造区域经济中心，内乡县外部竞争环境日益严峻。

三　基本研判与目标定位

党的十八大以来，我国完成脱贫攻坚、全面建成小康社会的历史任务，迈入了全面建设社会主义现代化国家的新征程。党的十九大强调，要"建立健全城乡融合发展体制机制和政策体系"。2019年4月，《中共中央 国务院关于建立健全城乡融合发展体制机制和政策体系的意见》印发，提出要"重塑新型城乡关

系，走城乡融合发展之路"。党的二十届三中全会再次对完善城乡融合发展体制机制作出了战略部署，明确提出"城乡融合发展是中国式现代化的必然要求"。步入"十五五"时期，建立健全有利于城乡要素合理配置的体制机制，仍是我国发展改革领域的一项重要攻坚任务。内乡县应树牢"养殖强县、制造强县、文旅名县、生态大县"的品牌，切实巩固全面建成小康社会成果，全面推进城乡高质量融合发展。

（一）抢抓机遇，跨越发展

内乡发展仍处于可以大有作为的重要战略机遇期，面临宏观政策取向利好、生猪产业发展市场预期利好、自身发展条件利好的有利形势，特别是随着基础设施和公共服务的不断完善，重大集群、平台加快构建，产业配套能力不断增强，支撑发展的条件逐步充分，改革创新和结构调整的新优势、新动力不断释放，有利于进一步推进内乡跨越式发展。要进一步围绕生猪产业纵向产业链进行完善，并打下产能基础。围绕牧原集团上游供应链企业集群化落地，形成农牧装备和配套产业集群。围绕下游肉食品加工领域再形成新的产业集群，真正实现从农场到餐桌的全链闭环。完善以牧原集团为核心的产业生态圈，降低交易、融资、物流等成本，提升牧原集团作为头部企业在行业中的地位，使一大批企业在内乡这片热土上搭乘牧原集团发展的快车进一步成长壮大。

（二）统筹城乡，协调发展

内乡正处于工业化城镇化加速推进阶段，发展任务繁重与发展潜力巨大并存。"十五五"时期，要稳步提升城镇化率，逐渐达到或接近河南省平均水平。积极优化"四大产业集群"空间布局，挖掘城乡用地潜力，建设文化旅游名城。统筹抓好县城体制扩容和乡村振兴战略，破解城乡二元结构，促进城乡要素资源公平有效配置，推动城乡基本公共服务均等化，使城乡居民生活更加富裕，城乡发展差距进一步缩小，城乡一体化发展体制机制逐步健全，加快形成工农互促、城乡互补、协调发展、共同繁荣的新型工农城乡关系。

（三）生态宜居，绿色发展

坚持生态优先、绿色发展不动摇，统筹城镇生态环境治理和农村人居环境整治，实现产业发展与环境保护同步推进，宜居城镇与美丽乡村同步发展。瞄准国内唯一、世界一流的目标，以宝天曼为依托打造国家级旅游度假区、森林氧吧和康养基地；以县衙为中心，融合文庙、商圣苑、菊潭公园、宛西地方自治博物馆等，建设国家级古城旅游目的地。通过整合最具内乡特色和代表性的文化资源，结合秀美山水，引入养心、养生、养性等理念，实现山水一体保护、景文同步开发、村城同时发力、点面相互融通，打造国内外具有较高知名度和美誉度的文化旅游康养旅游集散地。

（四）民生为本，共享发展

内乡正处于从中收入向中高收入迈进的关键阶段，统筹经济社会事业发展，提高城乡居民收入水平和生活质量，强化医疗、教育、住房等社会保障，实现城乡公共服务均等化，让人民群众共享发展成果，将是新时期面临的重要攻坚任务。要顺应人民群众对美好生活的向往，着力解决群众最关心、最直接、最现实的问题，使广大群众在推进城镇化建设的过程中得到更多实惠，享受到更多发展成果，让百姓更有获得感、幸福感、安全感。

四 推进城乡融合发展的对策建议

2023年底召开的中央经济工作会议强调，"要把推进新型城镇化和乡村全面振兴有机结合起来，促进各类要素双向流动，推动以县城为重要载体的新型城镇化建设，形成城乡融合发展新格局"。内乡县作为河南省具有代表性的县域之一，在当前国家大力推进城乡融合发展的背景下，需要进一步厘清城乡融合发展的内在逻辑和体制机制。

（一）促进城乡产业融合发展

步入"十五五"时期，应着力构建有特色、高质量、竞争力强的现代产业体系，真正成为现代农业强县、先进制造业强县、现代服务业强县。现代农业是富民产业，是实现乡村振兴的重要基础，要瞄准农业增效、农民增收的目标，在稳定粮食产能的基础上，以农业供给侧结构性改革为主线，抓好"粮头食尾""农头工尾"，着力发展绿色循环、优质高效农业。在沿湍河、默河两岸的灌涨、王店、湍东、赵店、大桥等平原乡镇粮食主产区，以3.5万亩高标准农田建设项目为载体，建设优质粮高产示范区。按照老茶园恢复改造和新茶园开发建设相结合的原则，集中连片、整合项目、集聚资金、规模开发，着力打造琴溪湖、永青山两个优质茶区。以花生、芝麻为重点，以余关、王店、湍东为中心，以实施"油料倍增"和绿色高效示范项目为载体，逐步建成优质油料生产基地。以中以（内乡）高效农业科技创新合作示范园为中心，在灌涨、湍东建设温棚蔬菜高效农业示范区。以灌涨镇前湾村和灌涨村为核心区域，辐射灌涨镇、王店镇、湍东镇、余关镇、赤眉镇共5个乡镇的20个村，建设省级生猪粮果循环现代农业产业园，进一步强化种养一体化循环农业模式优势，通过规划引领、政策支持、机制创新和建设管理，高水平建设产业特色鲜明、要素高度聚集、设施装备先进、生产方式绿色、三产融合、辐射带动有力、农民增收持续的省级现代农业产业园，打造全省绿色高效循环农业建设样板区和乡村产业兴旺引领区。

（二）优化城乡要素配置

完善小农户和现代农业发展有机衔接的政策措施，抓好龙头企业带动、产业带动、招商引资带动"三个带动"和平台建设机制、存贷机制、融资机制、联合社机制"四个机制"，推动土地向新型农业经营主体集中，提高适度规模经营水平。建立健全支持新型农业经营主体发展的政策体系和管理制度，加快新型职业农民培育，提升农牧人员技能，促进本地农业现代化生产。同时，支持食用菌、中草药、紫薯、郦邑贡菊、绿色有机蔬菜等高效特色农业发展，发挥中以（内乡）高效农业科技创新合作示范园智能化育苗的孵化带动作用，着力打造内乡农产品品牌，形成地域性公共品牌。推进核桃产业整合提升，同步开展与下游企业的战略合作；着力优化林果业品种，打造品牌；适应烟草市场变化和政策导向，稳量提质，优化品种、优化布局、优化规模。牢固树立"经济发展、金融先行"的理念，就内乡的发展实际来讲，必须强化政府主导，加强扶持引导，支持积极设立村镇银行、农村商业银行和小额贷款公司，推动农村金融服务创新，持续优化农村金融生态。

（三）加强基础设施建设

内乡县仍处于基础设施建设的加速期，应加强农村基础设施建设，抓好建设规划指导。按照先规划后建设的原则，通盘考虑土地利用、产业发展、居民点布局、人居环境整治、生态保护和历史文化传承，编制和完善多规合一的实用性村庄规划，探索依据不同类型村庄分类指导新农村建设，做到"物的新农村"和"人的新农村"内外兼修，打造农民安居乐业的美好家园。加强农村基础设施配套建设，完善农村生活垃圾收运处理系统，梯次推进以农村生活污水治理等为主要内容的农村面源污染控制，打造"山青、水秀、天蓝、地绿、瓜果飘香"的风情小镇。抓好农村人居环境整治，把改善农村人居环境作为推进乡村振兴的第一场硬仗，深入学习推广浙江"千万工程"经验，着力建设美丽宜居家园。加快推进城乡一体化保洁和垃圾综合固废处置项目，建立完善"扫干净、转运走、处理好、保持住"的农村生活垃圾收运处置体系。以城乡接合部、乡镇政府所在地、水源地、风景旅游区内村庄和经济实力强的中心村为重点，因地制宜梯次推进农村生活污水治理。

（四）全面推进乡村振兴

抓好典型示范，以建设环境美、田园美、村庄美、庭院美"四美乡村"为目标，高质量打造一批示范村。推动乡镇政府所在地和聚集作用明显的中心村开展"美丽小镇"建设，创建整洁美、卫生美、绿化美、文明美、和谐美"五美庭院"，充分发挥示范引领作用，以点带面推进新农村建设，做到类型多样、特征鲜明、风貌各异、多姿多彩，延续农村的自然风貌和田园风光，保留农村的历史和传统，实现"望得见山、看得见水、记得住乡愁"。抓好绿色生产方式转变，实行最严格的耕地保护制度，建立健全耕地保护经济补偿机制，严控新增建设占用耕地，坚持耕地占补平衡数量与质量并重，划定永久基本农田。推进生态循环农业发展，坚持转方式与保产量、保收益、保生态统筹，开展"水、气、土"综合治理，着力做好"秸秆综合利用、面源污染防治、生态种养循环"三大文章，推广"全环节"绿色高效生产技术，构建"全过程"社会化服务体系，打造"全链条"产业融合模式，引领"全区域"农业绿色发展，全面构建高效、安全、低碳、循环、智能、集成的绿色循环农业发展体系。加大农业面源污染防治力度，推进农业清洁生产，使化肥、农药使用量负增长，把土地的负担降下来。提高畜禽粪污收集和处理机械化水平，实施雨污分流、粪污资源化利用。在重要抓手上，借助全省土地综合改革试点县机遇，试点开展全域土地综合整治。建立贷款风险补偿机制，大力引进和培育农字号龙头企业。围绕马山河西村等地规划建设田园综合体，试点引领推进农村农、文、旅三种业态融合发展。

参考文献

蔡龙、章波、黄贤金等，2004，《我国城市基础设施现代化水平综合评价研究》，《城市发展研究》第4期。

车冰清、陆玉麒、王毅，2017，《江苏省城乡空间融合的形态演化研究》，《长江流域资源与环境》第7期。

陈方，2013，《城乡关系：一个国外文献综述》，《中国农村观察》第6期。

陈坤秋、龙花楼，2019，《中国土地市场对城乡融合发展的影响》，《自然资源学报》第2期。

陈明星，2018，《积极探索城乡融合发展长效机制》，《区域经济评论》第3期。

陈明星，2023，《努力走出农业大省统筹城乡的新路子（践行扎实推进中国式现代化建设河南实践)》,《河南日报》6月25日。

陈肖飞、姚士谋、张落成,2016,《新型城镇化背景下中国城乡统筹的理论与实践问题》,《地理科学》第2期。

仇保兴,2012,《新型城镇化:从概念到行动》,《行政管理改革》第11期。

董超,2012,《"流空间"的地理学属性及其区域发展效应分析》,《地域研究与开发》第2期。

樊杰,2013,《主体功能区战略与优化国土空间开发格局》,《中国科学院院刊》第2期。

冯健,2003,《杭州城市形态和土地利用结构的时空演化》,《地理学报》第3期。

戈大专、龙花楼,2020,《论乡村空间治理与城乡融合发展》,《地理学报》第6期。

耿磊磊,2020,《推动特色小镇善治 实现乡村振兴发展——以徽州模式为例》,《池州学院学报》第2期。

顾朝林、李阿琳,2013,《从解决"三农问题"入手推进城乡发展一体化》,《经济地理》第1期。

郭美荣、李瑾、冯献,2017,《基于"互联网+"的城乡一体化发展模式探究》,《中国软科学》第9期。

郭文力、张旭,2021,《重振农村集体经济是巩固脱贫攻坚成果实现乡村振兴的重要保障》,《农业经济》第 8 期。

郝寿义、安虎森,1999,《区域经济学》,经济科学出版社。

何仁伟,2018,《城乡融合与乡村振兴:理论探讨、机理阐释与实现路径》,《地理研究》第 11 期。

贺林波、谢美娟,2021,《乡村产业振兴中的政企关系研究——基于不完全契约视角》,《农业经济与管理》第 1 期。

贺艳华、李民、宾津佑等,2017,《近 10 年来中国城乡一体化空间组织研究进展与展望》,《地理科学进展》第 2 期。

黄伟雄,2002,《珠江三角洲城乡一体化发展模式与格局的探讨》,《经济地理》第 3 期。

孔祥智,2019,《我国农业劳动力数量和劳动生产率估算》,《改革》第 5 期。

李怀,2022,《农地"三权分置"下乡村振兴实现的理论、困境与路径》,《农业经济问题》第 2 期。

李玉恒、宋传垚、阎佳玉等,2019,《转型期中国农户生计响应的时空差异及对乡村振兴战略启示》,《地理研究》第 11 期。

李卓、张森、李轶星等,2021,《"乐业"与"安居":乡村人才振兴的动力机制研究——基于陕西省元村的个案分析》,《中国农业大学学报》(社会科学版)第 6 期。

林聚任、王忠武,2012,《论新型城乡关系的目标与新型城镇化的道路选择》,《山东社会科学》第 9 期。

刘彦随、陈聪、李玉恒，2014，《中国新型城镇化村镇建设格局研究》，《地域研究与开发》第6期。

卢文，1986，《我国城乡关系的新发展》，《中国农村经济》第11期。

陆大道，1986，《二〇〇〇年我国工业生产力布局总图的科学基础》，《地理科学》第2期。

马克思：《资本论》（第三卷），人民出版社，1975。

《马克思恩格斯选集》（第一卷），人民出版社，1972。

马荣华、顾朝林、蒲英霞等，2007，《苏南沿江城镇扩展的空间模式及其测度》，《地理学报》第10期。

马晓冬、李全林、沈一，2012，《江苏省乡村聚落的形态分异及地域类型》，《地理学报》第4期。

宁银苹，2019，《乡村振兴战略视域下武威城乡融合发展评价研究》，《甘肃农业》第8期。

漆莉莉，2007，《中部地区城乡融合度的综合评价与分析》，《江西财经大学学报》第4期。

钱静等，2008，《北京城乡和谐发展机制研究》，中国农业出版社。

尚正永、张小林、周晓钟，2012，《基于RS/GIS的城市空间扩展与外部形态演变研究——以江苏省淮安市为例》，《经济地理》第8期。

宋迎昌，2019，《城乡融合发展的路径选择与政策思路——基于文献研究的视角》，《杭州师范大学学报》（社会科学版）第1期。

田毅鹏，2022，《脱贫攻坚与乡村振兴有效衔接的社会基础》，《山东大学学报》（哲学社会科学版）第1期。

王月、程景民，2021，《农业生产经营数字化与农户经济效益》，《社会科学》第8期。

魏后凯，2016，《新常态下中国城乡一体化格局及推进战略》，《中国农村经济》第1期。

吴传钧，1991，《论地理学的研究核心——人地关系地域系统》，《经济地理》第3期。

习近平：《习近平谈治国理政》（第四卷），外文出版社，2022。

谢利、叶松，2019，《普惠金融的"兰考模式"是怎样炼成的》，《金融时报》12月26日。

杨萍、尚正永，2020，《国内外城乡融合发展的文献综述与展望》，《池州学院学报》第5期。

杨玉珍，2014，《城乡一体化下人地挂钩的制度创新与运行模式》，《经济地理》第7期。

杨志恒，2019，《城乡融合发展的理论溯源、内涵与机制分析》，《地理与地理信息科学》第4期。

张婧、李诚固，2012，《中国转型期中心城市城乡关系演变》，《地理学报》第 8 期。

张克俊、杜婵，2019，《从城乡统筹、城乡一体化到城乡融合发展：继承与升华》，《农村经济》第 11 期。

张立生，2016，《基于市级尺度的中国城乡协调发展空间演化》，《地理科学》第 8 期。

张锐，2018，《城乡融合是带动乡村振兴的核心引擎》，《中国财经报》2 月 13 日。

甄峰、秦萧、席广亮，2015，《信息时代的地理学与人文地理学创新》，《地理科学》第 1 期。

中国人民银行研究局课题组、周学东，2023，《普惠金融改革试验区建设理论及探索》，《中国金融》第 21 期。

周文、司婧雯，2021，《乡村治理与乡村振兴：问题与改革深化》，《河北经贸大学学报》第 1 期。

曾磊、雷军、鲁奇，2002，《我国城乡关联度评价指标体系构建及区域比较分析》，《地理研究》第 6 期。

曾雯、张小林、李智，2018，《乡村振兴视角下县域尺度城乡融合发展评价研究》，《池州学院学报》第 3 期。

Batten, D.F. 1995. "Network Cities: Creative Urban Agglomerations for the 21st Century." *Urban Studies* 32(2): 313-327.

Brenner, N. 2004. *New State Spaces: Urban Governance and the*

Rescaling of Statehood. OUP Oxford.

Castells, M. 1989.*The Informational City: Information Technology, Economic Restructuring and the Urban- Regional Process*. Oxford: Blackwell.

Davoudi, S., and Stead, D. 2002. "Urban-rural Relationships: An Introduction and Brief History." *Built Environment* 28（4）: 269-277.

Durieux, L., Lagabrielle, E.,and Nelson, A. 2008. "A Method for Monitoring Building Construction in Urban Sprawl Areas Using Object- based Analysis of Spot 5 Images and Existing GIS Data." *ISPRS Journal of Photogrammetry & Remote Sensing* (4) :399-408.

Fei, J. C. H., and Ranis, G. 1964. "Development of the Labor Surplus Economy: Theory and Policy." *Economic Development and Cultural Change* 14(2): 387-410.

Guo, L., Chehata, N., and Mallet, C., et al. 2011. "Relevance of Airborne LIDAR and Multispectral Image Data for Urban Scene Classification Using Random Forests." *ISPRS Journal of Photogrammetry & Remote Sensing* (1) :56-66.

Herold, M., Goldstein, N.C., and Clarke, K.C. 2003. "The Spatiotemporal Form of Urban Growth: Measurement, Analysis and Modeling." *Remote Sensing of Environment* (3): 286-302.

Howard, E. 1902.*Garden City of Tomorrow*. London. Passim.

Lefebvre, H.2003. *The Urban Revolution*. Univ of Minnesota Press.

Lewis, W. A. 1955. *The Theory of Economic Growth*. Homewood: Richard D. Irwin.

Liu, Y., and Li, Y. 2017. "Revitalize the World's Countryside." *Nature* (7667):275-277.

McGee, T.G. 1994. "Labor Force Change and Mobility in the Extended Metropolitan Regions of Asia." In: Fuchs, R. J., et al., Eds., *Mega-city Growth and the Future*. UN: University Press, pp. 62-102.

Mumford, L. 1961. *The City in History: Its Origins, Its Transformations, and Its Prospects*. New York: Harcourt, Brace & World.

Perroux, F. 1970. "A Note on the Concept of Growth Poles." In: McKee, D., Dean, R., and Leahy, W., Eds., *Regional Economics: Theory and Practice*. The Free Press, New York, pp. 93-104.

Saarinen, E.1943. *The City, Its Growth, Its Decay, Its Future*. New York : Reinhold Publishing Corporation.

Von Braun, J. 2007. "Rural-urban Linkages for Growth, Employment, and Poverty Reduction." Paper presented at International Conference on Ethiopian Economy, Addis Ababa, June 7-9, pp.1-21.

Wright, F. L.1935. "Broadacre City: A New Community Plan." In:Wright, F. L., Ed., *The City Reader*. London: Routledge, pp. 343-348.

图书在版编目（CIP）数据

城乡融合与高质量发展：以河南省为例 / 何德旭等著 . -- 北京：社会科学文献出版社，2025.6.
（中国社会科学院国情调研丛书）. -- ISBN 978-7-5228-4875-4

Ⅰ . F299.276.1

中国国家版本馆 CIP 数据核字第 2025GH0634 号

中国社会科学院国情调研丛书
城乡融合与高质量发展：以河南省为例

著　者 /	何德旭　李　超　等
出 版 人 /	冀祥德
责任编辑 /	史晓琳
文稿编辑 /	赵亚汝
责任印制 /	岳　阳
出　版 /	社会科学文献出版社·经济与管理分社（010）59367226 地址：北京市北三环中路甲29号院华龙大厦　邮编：100029 网址：www.ssap.com.cn
发　行 /	社会科学文献出版社（010）59367028
印　装 /	三河市龙林印务有限公司
规　格 /	开　本：787mm×1092mm　1/16 印　张：13.25　字　数：129 千字
版　次 /	2025年6月第1版　2025年6月第1次印刷
书　号 /	ISBN 978-7-5228-4875-4
定　价 /	118.00元

读者服务电话：4008918866

版权所有 翻印必究